U0908437

解州關帝廟志

楹聯牌匾卷

運城市解州關帝廟文物保護所
關公文化研究院 編

傅文元 主編

中州古籍出版社
鄭州

圖書在版編目（CIP）數據

解州關帝廟志．楹聯牌匾卷／運城市解州關帝廟文物保護所，關公文化研究院編；傅文元主編．—鄭州：中州古籍出版社，2023. 9

ISBN 978-7-5738-0948-3

Ⅰ．①解… Ⅱ．①運… ②關… ③傅… Ⅲ．①關羽（160-219）- 文化研究 ②對聯 - 作品集 - 中國 Ⅳ．① K825.2 ② I269

中國國家版本館 CIP 數據核字（2023）第 174555 號

HAIZHOU GUANDIMIAO ZHI・YINGLIAN PAIBIAN JUAN

解州關帝廟志・楹聯牌匾卷

責任編輯　吕兵偉
責任校對　高　雅
美術編輯　趙啓航
裝幀設計　新　佳

出 版 社　中州古籍出版社（地址：鄭州市鄭東新區祥盛街 27 號 6 層
郵編：450016　電話：0371-65788693）
發行單位　新華書店
承印單位　河南瑞之光印刷股份有限公司
開　　本　889 mm × 1194 mm　1/16
印　　張　30.5
字　　數　301 千字
印　　數　1—2000 册
版　　次　2023 年 9 月第 1 版
印　　次　2023 年 9 月第 1 次印刷
定　　價　480.00 圓

《解州關帝廟志 · 楹聯牌匾卷》

運城市解州關帝廟文物保護所　　關公文化研究院　編

策　　劃：衛　龍

主　　編：傅文元

副 主 編：郝平生　郭　波

執行主編：楊明珠

編　　撰：楊　飛　楊應欣

校　　對：趙　磊

攝　　影：郭永貴　吴艷萍

協　　助：陈園園　孫麗峰　裴國柱　裴國軍　程國國
董雅輝　王　飛　王關吉　李　軍　陳曉紅
范孟琦

大義參天

關帝廟
精忠貫日

關帝廟

義炳乾坤
功德箱
功德箱

護世真君
威靈震疊
伏魔大帝

忠貫天人
降福延年

故里
替天行道為民生

關王
從祖盡忠興帝業

紅霞繚繞刀芒高插斗牛清
紫霧盤旋劍影斜飛江海震
攝影禁止
NO PHOTOGRAPHS
嚴禁焚香表
功德箱

序　一

關公是我國家喻户曉的人物，關公文化也就成爲中國文化中一個很有分量的組成部分。人們尊敬關公，稱他爲神，敬他爲帝，甚至把他的行爲當成准則。這是一種很普遍的現象，也是很自然的。可是過去總有那麼一種説法，説關公也就是關老爺，是封建統治者愚弄人民，用來鞏固他們地位的一個偶像。真的是這樣嗎？其實不然，我認爲對關公的崇拜是來自民間的，可以説是民意的選擇。統治者應該説是順應了民意，也對關公崇拜有加，於是不斷加封帝號，最後使得關老爺在明朝有了“三界伏魔大帝神威遠鎮天尊關聖帝君”的頭銜，此後相沿，有關帝之稱。如果他們不這樣，硬換一個他們樹立的偶像，非天下大亂不可。最典型的就是清朝的統治者了，他們在進關前，關老爺已是四海景仰了，他們雖然争得了天下，可以做到讓人們“留發不留頭”，却不能把關老爺推翻，還得加倍地禮拜。

關公文化就是這麼根深蒂固，多少年來一直延續并發展着。説到關公文化，必然要説到關帝廟，天下到底有多少關帝廟，應該是一個很難統計的數字。但是要問天下關帝廟何處爲首，就是一個毫無争議的問題了，那就是山西運城的解州關帝廟。其始建年代、現存規模以及保護情況，自有專著論述得詳細之極。這裏要説的只是其中的一個方面，那就是廟中的牌匾和楹聯。我們不是説過，對關公的崇拜來自民間，那麼這裏就可以找到相當多的論據，這裏邊就是老百姓心聲的記載與鎸刻。

燒香許願是敬神拜佛的普遍行爲，大多數人來到寺廟的目的就在於此。這無可厚非，因爲在相當長的時間内，人們的願望得不到實現，迫使大家對未來有一種期盼。爲了實現這種期盼，就必須有一種精神上的寄托，那麼肯定是經過多少代的搜索與篩選，最后大多數人把目光鎖定在關公也就是關羽的身上。也許理由很簡單，他講信用、重意氣，一生多爲别人奔波，而且武藝高强。雖然他最後失敗了，但是中國人歷來是不以勝負論英雄的。况且，一個人的成敗是由多方面的因素决定的。人們覺得這樣的人值得信賴，於是就奉之爲神明。至於后來帝王的加入，也是順應民意的表現。當然，也不排除鞏固其統治的目的，有一點必須説明，信奉關羽最初不是他們的選擇。人們已經由最初的膜拜，也就是以前所説的迷信，漸漸有了對其品質的體會，可以説不是盲目的，而是從心底認識到其精神的可貴之處，由最初的禮拜，成了真正的信奉，從表面向着深層次滲透，也就不斷深化和豐富了其内容，最終形成了關公文化。

有個成語叫三人成虎，那麽上萬的甚至更多的人塑造一個神，更是情理之中的事情了。關羽成神後，自然要“顯聖”，這是彼時擴大影響的一個相當重要的手段。人們對關羽的許諾就是最大規模地“重修廟宇，再塑金身”，但是人們的能力畢竟有限，廟宇也不能無休止地蓋下去，於是敬獻牌匾就成爲一種比較普遍又隆重的形式。正因爲這樣，廟宇的牌匾數量就逐漸多了起來。今天，我們在山西解州關帝祖廟和常平家廟裏，看到數量衆多的牌匾就是人們對關帝的回報，進一步説就是對未來生活的一種期待。

從内容上看，有的是適用於所有廟宇的，這是流行并得到公認的，像“浩然正氣”“萬代瞻仰”……這并不是詞匯貧乏，而是出於一種樸素的情感。還有獨具性的，是只可用於關老爺身上的。後者對於關公文化來説，則更有意義了。這些牌匾集中表現了關帝的思想品德，也就是總結了人們景仰他的根本原因。像“全部春秋”就代表了他的思想，有的學者曾經考證關羽是否讀過《春秋》，那是他們混淆了關羽和關公文化的概念。“大義參天”是他精神中最爲閃光的地方，就這一個“義”字，真可以説是前不見古人，后也難得見來者了。他千里走單騎，“義”字就是其精神支柱。一生中兩次被俘，作出兩種選擇，也正是“義”字在閃爍光輝。“威震華夏”是關羽輝煌時期的寫照，他水淹七軍，加之以往的威名，使得曹操心驚膽寒甚至有了遷都的打算。

如果説匾額因字數所限，有言之不盡的缺憾，那麼在楹聯裏則可以得到較爲充分的表達，他們懷着敬畏之心字斟句酌，虔誠地吐露着心聲。像“山東夫子山西夫子瞻聖人之居條峰并泰岳同高，作者春秋述者春秋立人倫之至涑水與洙泗共遠”，寫得何等傳神。“侯於漢王於宋帝於明極人世尊崇總難酬滿腔忠義，蜀曰兄魏曰賊吴曰犬即言下予奪已括盡一部春秋”，淋漓盡致地表達了多少代來人們對他的愛戴和其忠貞可見的赤膽。類似好匾好聯太多，限於篇幅，不能一一贅述，也是憾事一樁。

大大小小的牌匾和楹聯代表了人們的思想，也歌頌了關羽的功績和品質。敬仰和信奉關羽是老百姓的選擇，真正的聰明智慧就來自他們之中，他們絶對不會被愚弄了一代又一代，這種選擇應該説是明智的。説到底，在那信念荒蕪的年代裏，人們需要偶像，是他們自己選中了關羽，并且一步步把他深化并神化。就説這種信念算是從宋代開始的吧，至今已然有了一千多年的歷史，在這些年裏，朝代更换了好幾個，皇帝更不知道有多少，但是，關老爺的地位却始終穩固。儘管人們飽經磨難，對他的信任始終没有改變，這種現象應該説是不多見的。以至于他的形象出現在佛、道、儒三種信仰的境界，而且地位很高，這似乎也算是一個奇迹，這也是關公文化流傳不衰的根本原因。即使在今天，關公文化依然具有相當的凝聚力，特别是在海外，凡是有華人的地方都信奉關公，這些地方都有關帝廟，有廟就有聖像和牌匾楹聯。從内容上看，無論是古代的還是現代的，無論是國内的還是海外的，牌匾的内容雖然有差异，但是情感却是一樣的真摯。

從藝術性上看，這些牌匾和楹聯也十分講究，這肯定是和人們對關帝的敬仰有着直接的關係。牌匾上的字，寫得十分規範，尤其是古人的，絶無草率，看得出來書寫者是謹慎加之虔誠，肯定是當成一件大事情來完成的。雖然書家的個性不是十分明顯，可是中國文字或者説中國書法的屬性却表現得淋漓盡致。當然也偶有例外，比如“絶倫逸群”一匾就是以飛白書的形式表現，讓人看了頗費猜疑，這大概是爲了增加神秘感。牌匾鎸刻的文字與裝飾的圖案也肯定是出自能工巧匠之手，盡可能地做到了完美。

山西運城解州關帝祖廟的牌匾和楹聯的思想性和藝術性都十分令人稱道。現存的數量相當可觀，而且還在不斷地增加，内容也在不斷地豐富，這實際上是一件很好的事情。這是作爲中國文化的重要組成部分的關公文化發展的明顯標志，也爲後人研究關公文化提供了寶貴的資料。這裏關帝廟的牌匾和楹聯與主體建築、塑像，以及參天的古木一起，組成了完整的紀念關帝的莊嚴場所。每天前來憑吊的人真是絡繹不絶。我曾多次到過那裏，我發現人們的目光是虔誠的，心裏想的不一定都是希望關帝再次顯聖，更多的則是爲中華民族出現這樣的人物而自豪，而驕傲。正如于右任先生的楹聯所言："忠義二字團結了中華兒女，春秋一書代表着民族精神。"我們稱關羽或者關帝都無關緊要，關鍵是他能成爲受到如此禮遇的千古一人，確實不是偶然的，可以説是經過他自身的努力和老百姓的選擇，統治者的認可才産生和形成的。

最爲可貴的是關帝廟的管理者，對這一非同尋常的古建的重視，在保護的前提下，秉承讓文物活起來的宗旨，修建了藝術長廊，搜集了各地散佚的文物，還有當代人書寫的楹聯。隨着時代的發展，社會的進步，關公文化也得到了進一步的光大。

由于對關公的崇拜，對關公文化作了一定的研究，并曾多次到運城關帝祖廟和家廟謙虚瞻仰，不僅加深了對關公文化的理解，也和當地的有關領導結爲摯友。他們的身上體現了關公精神，具體表現在對整理出版工作的認真負責上。特别是與時任解州關帝廟文保所所長、現任運城市文物保護中心主任衛龍先生，運城市河東博物館原館長楊明珠先生，現任解州關帝廟文保所所長、關公文化研究院院長傅文元先生，既是和諧的合作者，又是情誼相投的好友。我們曾説是關公文化把我們緊緊地聯係在一起。

由于曾經在文物出版社出版過兩本有關關公文化的圖書，我們的朋友圈進一步擴大，特别值得一提的是我和衛龍先生還有一次在福建東山島共同參加關公文化節的經歷，真是緣分匪淺。

惟願關公文化繼續發揚和光大，爲弘揚民族文化和團結天下華人起到舉足輕重的作用。

崔 陟

癸卯年春月於歸燕堂

（崔陟，實名崔志剛。中國書法家協會會員、中國書畫收藏家協會名譽會長、中國老年書畫研究會顧問。在文物出版社工作二十年，任書法編輯、編輯部主任，《書法叢刊》副主編。參與編輯《中國法書全集》《中國書法真迹大觀》等大型典籍。有《歸燕堂筆記》《説戲》《中國古代書法·明》《漢字書法通解·篆》《書家語林》等 30 餘種專著出版。）

序　二

“把跨越時空、超越國度、富有永恒魅力、具有當代價值的文化精神弘揚起來，讓收藏在博物館裏的文物、陳列在廣闊大地上的遺産、書寫在古籍裏的文字都活起來。”這是習近平總書記的重要講話和重要指示，我們一直在認真學習并貫徹落實。關公文化作爲中華民族的優秀傳統文化，完全符合習總書記的講話精神，挖掘研究、傳承弘揚好關公文化，是我們應盡的責任。

我有幸在解州關帝廟文物保護所工作了十七年，通過努力和社會賢達的幫助，幹了一些事情。比如，修繕文物，擴大面積，豐富内涵，提升品質，增加收入。特别是 2008 年“關公信俗”被納入國家級非物質文化遺産，2012 年“關聖文化建築群”被納入世界文化遺産預備名録，2013 年被國臺辦評爲“海峽兩岸交流基地”，2015 年被中國僑聯評爲“中國華僑國際文化交流基地”。但是，遺憾總是有的，尤其是文化和資料方面没有得到相應的完善和提升，總是讓我感到心神不寧、心懷愧疚。於是就想首先利用“廟志”給填補起來，把歷史的、現代的各種資料匯集整理一下，讓關帝廟的各種優秀文化遺産，通過“志”的形式記録下來，給後人了解關公文化爲什么是優秀傳統文化、又是怎么傳承過來的，提供一個必要的解釋和相應的説明。隨着年齡的增長，這方面的感覺越來越强烈。所以，在十幾年前就安排退下來的老領導牽頭做廟志，可惜未能如願。幾年前，知道楊明珠館長快要退休了，就與其商量，我牽頭組織，他具體實施，正兒八經地把廟志做出來。好在，楊明珠館長憑着對關老爺的敬重，對關公文化的摯愛，對我的工作的支持，答應了。我欣喜，總算是能彌補一點遺憾。我高興，因爲楊館長是專家，這件事絶對能成功。隨後，召開專題會議研究方案，抽調人員組織專班，安排專項經費予以保障。

幾年來，楊明珠、郝平生、郭永貴、趙磊，四個人就是四頭老黄牛，勤勤懇懇，兢兢業業。資料收集工作，量大而繁，不僅僅是要把關帝廟現有的資料搜集起來，進行甄别分類，還需要對健在的關帝廟老工作者和重要知情人采訪談話，更要把一些散落在各處的珍貴史料發掘出來，征集回來，其間的工作量和工作難度可想而知。

在收集整理的過程中，對博大精深的關公文化越發敬畏。原來考慮出一本傳統的廟志，顯然滿足不了文化内涵的需求，也詮釋不了這種超越了時空、超越了民族、超越了國籍的優秀傳統文化。於是，我們又改變了策略，用分門别類的專志（詳志）的形式來進行整合，碑刻題記、器物題銘、楹聯牌匾、彩繪彩塑、雕刻藝術（木、石、磚）、祀典巡禮、古籍文獻、古樹名木、功德碑銘、研究文論、關廟大觀等分别輯録，成熟一部出版一部。其中，對歷史上已有的書籍和資料，進行必要的整理和補充完善，能單獨成册的單獨出版，不能或不需要單獨成册的，分類合并成册出版。

至於祖廟之外的其他關帝廟介紹，也有考慮安排。一種是按照區域劃分爲國内卷和海外卷兩册，一種是按照規模、檔次、時代價值等劃分爲國保卷、省保卷、市保卷、縣保卷和新建卷幾册。國内部分擬借助各級文物部門的力量，先把屬于文物範疇的底數統計清楚，現狀了解清楚，價值評估清楚，同時借助地方行政力量，把新建的也統計清楚。海外部分擬在中國僑聯的幫助下，利用各個國家和地區現有的關公文化組織，以及其他組織，把所在區域的關帝廟及其相關的場所、數量、歷史、現狀、價值和作用發揮等方面的情况搞清楚。這一塊的工作量特别浩大，不是祖廟組織專班就可以完成的，經費需求也特别巨大。所以，只能是先規劃出來，根據不同情况，分步實施。

至今，在同志們的共同努力下，《解州關帝廟志 · 碑刻題記卷》（上下册）、《器物題銘卷》（上下册）已出版，《楹聯牌匾卷》

也即將付梓。此刻之心情，無比愉悦，多年的夢想和宏願正在逐步實現。當然，這只是“萬里長征走完了第一步”，后續的任務仍然非常艱巨，“同志仍需努力”，這也是我此刻的一種心情。

衛　龍
二〇二三年五月

（衛龍，運城市文物保護中心主任，運城市解州關帝廟文物保護所原所長。多年來一直致力於關公文物保護及旅游開發、關公文化發展和研究工作。）

凡　例

一、本書所録“楹聯牌匾”，包括解州關帝廟和常平關帝廟（含關帝祖塋）。爲便于研究和參考，依照屬地分爲“解州關帝廟”和“常平關帝廟”兩大部分。

二、所録“楹聯牌匾”的時間下限至二〇二二年，包括現存、散佚和附録三部分。

三、“楹聯牌匾”之目録和内文編排，均以所處建築位置先後爲順序。

四、本書楹聯牌匾的文字依實物照録，説明、注釋及序言、后記等輔文采用規範繁體字。

五、爲便于表述，文中“祖廟”即爲“解州關帝廟”，“祖祠”即爲“常平關帝廟”。

關廟之祖　　武廟之冠

——解州關帝廟、常平關帝廟掠影

解州關帝廟

位于山西省運城市西南20公里解州鎮。南峙條峰，北環鹺海，山雄水闊，景象壯美。全國重點文物保護單位。

解州，爲三國蜀漢名將關羽之故里。

據記載，祖廟肇建于陳末隋初年間，宋大中祥符年間（1008—1016）重建、擴建，元祐七年（1092）宋哲宗敕令修葺，金、元兩代又四次興工維修，明、清時，修繕工程亦連續不斷。其間，廟宇曾罹經兩次滅頂大難，一爲明嘉靖三十四年（1555）河東大地震，一爲清康熙四十一年（1702）廟内失火。民國時期，雖然也有修建之舉，但都遠不及前。中華人民共和國成立後特别是改革開放以來，黨和政府對中華民族的重要文化遺産尤加珍視，關帝廟不僅被國務院公布爲全國重點文物保護單位，而且因此得到了大力保護和空前發展。

該廟坐北朝南，占地總面積40萬平方米。其中廟前廣場爲14萬平方米，主廟爲20萬平方米，御園爲8萬平方米。既有别的關廟所無的獨特之園林建築，更有其他關廟所没有的至高無上的“前朝后寢”之格局。規模宏偉，殿閣壯麗，氣勢奪人。堪稱我國乃至全世界關帝廟中規模最大、檔次最高、保存最完整的王宫帝闕式廟宇。

廟宇的建築布局分四大部分。前部爲結義園，中部爲主廟，後部爲寢宫，最後的御園部分爲新闢。

結義園，爲明萬曆四十八年（1620）仿劉、關、張當年涿郡結義之意境設計建造。由結義坊、君子亭、結義亭及附屬影壁等建築組成。園内古柏參天，桃柳成蔭，給人一種賞心悦目、陶然樂滋的愜意。

主廟的設計，完全承襲了我國古建中特有的中軸對稱式的傳統風格。既有濃郁的宗教建築特征，又有明顯的紀念性和祭祀性建築的體例。其廟堂建築布局除了參照佛寺道觀的布列方法，更仿效帝王宫闕

（如明、清紫禁城）的格局。以影壁、端門、雉門（樂樓）、午門、御書樓、崇寧殿、春秋樓爲序次，兩側輔以鐘樓、鼓樓、文經門、武緯門、崇聖祠、胡公祠、部將祠、追風伯祠、鐘亭、碑亭、官廳、官庫和東西長廊。其中端門外當心設"擋衆"，以示文官落轎、武官下馬。午門和崇寧殿前鋪設雲路，雕流雲和蟠龍圖案，以顯帝王之尊。主殿前樹立擎天柱、奉神樓，以表威儀。木構石作，祥龍飛騰。廟内更有"威震華夏""萬代瞻仰""山海鍾靈""精忠貫日""大義參天"五座木、石牌坊點綴其間。廟貌宏麗，甲于天下。

寢宫以娘娘殿、關平殿、關興殿（三殿已毁）、春秋樓爲中心，"氣肅千秋"木坊若屏矗立，刀樓、印樓分峙兩翼。尤其是春秋樓的"懸梁吊柱"之營造手法，設計之巧，製作之美，無與匹敵，被古建專家譽爲"我國古代建築的範例"。

廟内古樹名木遍植，蒼勁擁翠；木石雕刻廣布，精湛華美；琉璃製品輝映，金碧富麗；文物藏品薈萃，彌足珍貴。

關帝祖廟不僅是世人心慕神往的朝拜、旅游聖地，也是一座領略中國傳統道德文化的神聖殿堂。

常平關帝廟

俗稱關帝家廟，位于運城市西南10公里的解州鎮常平村，距解州關帝廟8公里。南面條山，北鄰鹽湖，湖光山色，風光旖旎。全國重點文物保護單位。

常平，是關羽的出生之地。相傳，現在的廟宇就是當年關公的故宅。關公歿后，鄉人感慕其英武與盛德，遂改宅立祠，用以歲時爲之奉祀。

據文獻確記，廟宇建造早於解州關帝廟，至金代始成規模。此后屢有擴建和修葺，現存建築多係清代遺構，總面積近2萬平方米。其規模和建築雖不如祖廟壯觀宏偉，但其廟貌、風物等却與之异曲同工，别有風韵。

祠前矗立牌坊三座，“靈鍾嶻海”和“秀毓條山”兩坊（均爲木構）分峙于左右，“關王故里”石坊居中。坊外，鐘、鼓二樓并立對稱。筆直而縱深的中軸綫上，依次排列有山門、儀門、獻殿、崇寧殿、娘娘殿和聖祖殿，兩側配以厢房、配殿、回廊等，主從有致，格局分明。

已故著名古建專家柴澤俊先生長期研究，認爲：“牌坊横置前沿，這是一般祠宇建築格局上常有的。但像這種三坊并峙、二樓分列兩側者未曾見到。祠内門廡重叠，主殿位於祠宇中心，兩側廊屋對稱，形成環繞圍護之勢，這又是其他祠宇建築格局上所没有的，但與祖廟體製約略近同。往後，寢宫自成院落，娘娘殿位居正中，關平、關興殿分列兩側，聖祖殿位居祠内後部。其總體設置仍保持着商、周以來我國建築體製方面‘前朝後寢’的格局。明、清以來，關廟遍及全國，也有稱爲‘關王祠’或‘關帝祠’的，其中建關夫人殿塑關夫人像者甚少，關平像有時以侍吏列於其側，而自成一殿者未曾發現。在常平祖祠中，不僅建娘娘殿塑關夫人像，而且爲關平、關興各建其殿，塑像分置其中，這是極爲稀有的。至於建聖祖殿，殿内依其清雍正五年（1727）所封聖祖三公爵位來設置塑像，更是全國各地所没有的。”

祠中還有一座與衆不同的建築，即屹立于午門東南隅的八角七級磚塔。塔下傳爲宅内水井，關公父母因關公怒殺惡霸欲逃不能而自盡於此，後人遂建塔紀念。金大定十七年（1177）重建。

祠内塑像數尊，唯關夫人像堪稱上乘佳品。古樹名木極多，唯龍虎柏、雲柏、鳳柏和五世同堂桑最富傳奇色彩。

祠南不遠處中條山前沿有關帝祖塋。紅墻匝繞，松柏長青，清流一渠，時花漫山，將此裝點得格外静謐與空靈。

正是這歷史的特殊賜予和厚重的人文，更兼關聖帝君的忠、義、勇，以及司命禄、佑科舉、治病消灾、驅邪伏魔、巡察冥司、招財進寶、佑護商賈等法力，吸引着絡繹不絶的海内外人士、華夏兒女特别是關氏后裔慕名造訪，朝拜游覽。

目　録

解州關帝廟

◎大門

◎結義園

◎端門

◎甬道

◎樂樓

◎午門

◎御書樓

◎崇寧殿

◎寢宮

◎春秋樓

◎圍廊

◎厚載門

◎御園

御園長廊對聯匯輯

◎道正司

常平關帝廟

◎大門

◎石坊

◎山門

◎儀門

◎獻殿

◎崇寧殿

◎寢宮

◎聖祖殿

◎關帝祖塋

◎散軼“聯額”

解州關帝廟

警务驿站
关公忠义文化教育基地
大義参天

大門

關帝廟

【説明】

此匾懸於祖廟入口處建築檐下。木質，横式，規格爲208厘米×137厘米。藍地金字。正書。字体据雉門匾額仿製。二〇〇五年春楊琦摹刻。

楊琦，一九七四年生，山西夏縣人。中國國家畫院吴悦石工作室畫家，山西省美術家協會理事，運城市美術家協會常務副主席。作品多次入選國家、省級美術作品展，被美術館、博物館等多家機構收藏。其中版畫作品《見證 · 熱血鑄就》入選由文化部、中國美術家協會共同主辦的“慶祝中華人民共和國建國70周年暨第十三届全國美術作品展”，并獲廣東省美術作品展金獎，收藏於廣東美術館。

精忠貫日　大義叅天

【説明】

此聯係二〇一四年秋馬光學依端門題額仿製，木質，規格爲 204 厘米 ×36 厘米。紅地金字，魏楷。上款題“甲午（2014）秋日”，下款署“复制于端门”。

入口

關帝廟

【説明】

此匾懸於祖廟入口大門正上方。木質，竪式，規格爲 300 厘米 ×80 厘米。形制與内容同雉門匾額。二〇一四年秋馬光學仿製。

忠義二字團結了中華兒女
春秋一書代表着民族精神

【説明】

此聯懸於祖廟入口大門。木質，規格爲 256 厘米 ×30 厘米。紅地金字。行書，字徑 20 厘米。内容係于右任先生爲南洋一座關廟所題。二〇〇五年春楊明珠集于右任先生書體，楊琦摹刻。

于右任（1879—1964），陝西三原人，名伯循，字右任，號髯翁，晚年號太平老人，别署騷心，筆名神州舊主、太風先生。爲國民革命元老，著名教育家、愛國詩人、書法家。早年加入同盟會，追隨孫中山先生反對帝製。辛亥革命後，曾任南京臨時政府交通部次長，國民政府常委、軍委會常委、審計院院長，後長期任臺灣當局“監察院”院長。1964 年病逝於臺灣。

其書初學趙孟頫，再加入魏碑，得力於《鄭義碑》《石門銘》，精於筆法而以雅拙簡漫出之。尤擅草書，從碑入草，於唐代懷素之小草千字文用功甚勤，造詣甚深，於寬博瀟灑中别具神韵。各體均氣勢磅礴，縱横排蕩。有《標準草書》一册行世，被譽爲“當代草聖”。

關於此聯的來歷，據資料云，當年馬來西亞有位華僑專程到臺灣拜會于右任，他想請于先生爲當地僑胞們供奉的關帝廟題寫一副楹聯。于先生考慮到該地華僑已是移民數代，很多人已不諳漢語，便爲他們寫了這副寓意深長的白話楹聯。

可以肯定地説，在海内外難以計數的關廟對聯中，這是一副意義深刻、最值得稱道的對聯。它言簡意賅，高度涵蓋了關公的道德精髓與精神靈魂，道出了關公文化的精神實質和現實意義。也就是説，關公的道德與精神，不獨對中華民族的道德形成及精神强盛起到過積極的歷史作用，即便是在當今，對維護和繼承中華民族優秀道德傳統，促進和增强海内外華人對民族文化的認同，振奮民族精神，團結奮進，和平一統，也有着不可低估的價值和作用。

【注釋】

忠義：關公的道德思想與精神核心。忠，即忠誠；盡心竭力。《論語 · 里仁》朱熹注：“盡己之謂忠。”義，正義；情義。《禮記 · 中庸》謂：“行而宜之謂之義。”忠是“態度”，義是“準則”。一個人的思想行爲既要符合一定的道德準則，又能嚴格遵循這個準則盡心竭力去做事，這就是“忠義”。

春秋：儒家經典之一，編年體春秋史。相傳孔子依據魯國史官所編魯史加以整理修訂而成。起于魯隱公元年（前 722），成于魯哀公十四年（前 481），計二百四十二年。《春秋》文字簡短，寓有褒貶之意，後世稱“春秋筆法”。解釋《春秋》的有《左氏》《公羊》和《穀梁》三傳。至於關公喜讀的《春秋》，則并非上述所説的《春秋》本經，而是與孔子同時期的魯國史官左丘明依據《春秋》條目，用事實解釋《春秋》的一部史學兼文學名著——《春秋左氏傳》（簡稱《左傳》）。

司福掌財

【説明】

此匾懸於關帝廟入口背面正上方門額。木質，横式，規格爲230厘米×133厘米。周邊雕飾描金雲龍圖案。紅地金字。行書。上款題：“甲午（2014）仲春 獻。”下款署：“福建石狮蚶江　林志慶　閩臺船務　王美佳　原旭东敬書。”

原旭東，一九七二年生，山西稷山人。中國書法家協會會員，山西省書法家協會理事，運城市書法家協會副主席。

【注釋】

司：執掌；掌：掌管。

仰荷神恩

【説明】

此匾懸於關帝廟入口背面西次間門額。木質，横式，規格爲 230 厘米 ×133 厘米。匾周雕飾描金雲龍圖案。紅地金字。行書。上款題："辛丑（2021）關帝聖诞獻。"下款署："福建省泉州市四山朝拜　杨明珠敬書。"背面署捐匾人名（略）。

楊明珠，一九五八年生，山西夏縣人。從事文物博物工作近四十年。山西省運城市原河東博物館館長、文物博物研究館員，山西省文博系列職稱評審委員會專家庫成員，山西師範大學文學院黄河文化民俗研究所研究員、碩士生導師，運城市書法家協會原副主席。編著出版《人 · 神 · 聖關公》《山西解州關帝祖廟楹聯牌匾》《圖説關公文化》《河東碑刻精選》等學術和文史著作十餘部，主編《解州關帝廟志 · 碑刻題記卷》《解州關帝廟志 · 器物題銘卷》等。

【注釋】

仰荷：敬領，承受。宋 · 蘇軾《次韵和王鞏六首（其一）》："吉人終不死，仰荷天地德。"

結義園木坊（北）

結義園木坊（南）

結義園

【説明】

此爲結義園木牌坊正面明樓華板當心題刻。木質，横式，規格爲 423 厘米 ×125 厘米。藍地金字。正書。書體端正豐滿，不露鋒芒。字徑 93 厘米。無款識。

據記載，此坊始建于明萬曆四十八年（1620），當時該園尚無“結義”之名，坊額題曰“萬古綱常”。清乾隆二十七年（1762）知州言如泗修理園池及木坊，始改原坊額“萬古綱常”爲“結義園”并書之。言書字體豐秀圓潤，勁健有力。襯以人物、花卉雕刻圖案，更顯古樸壯美。

現存結義園木坊就是當年言如泗所建。爲四柱三樓三開間，木結構琉璃瓦頂。明樓總高 11.88 米。坊後設卷棚式坊亭三間，亦稱門亭。

山雄水濶

【説明】

此爲結義園木牌坊背面明樓華板當心題刻。木質，横式，規格爲 423 厘米 ×125 厘米。藍地金字。楷書，字徑 53 厘米。

此題刻雖然也無款識，但據園内影壁背面鑲嵌的言如泗所撰《重修結義園記》碑碣可知，仍屬言如泗手筆無疑。而且碑文也明確表明其題寫時的用意："解梁爲關聖故里，常平祖墓巋然。廟在州西門外，南峙條峰，北環鹺海，山雄水濶，誠勝區也。"他在《重修解州關聖廟記》里也謂："聖爲解（州）産，解地逼近中條，涑水鹺海回環綰結，而又大河（黄河）繞外，砥柱當中，山雄水濶，地脉鍾靈。亘千古而生聖一人，其雄勁闊達，岳峙淵渟，適與山川形勢相肖。"

君子亭

君子亭

【説明】

此匾懸於君子亭門楣。木質，横式，規格爲222厘米×121厘米。藍地金字。行書，字徑74厘米。上款題“己卯（1999）秋月”，下款署“士星書”。鈐朱印一方。

書者士星，姓郭，山西孝義人。曾任山西省文化廳副廳長、山西省文物局局長、山西省戲劇家協會副主席、山西省政協文教委員會副主任等職。

君子亭面寬五間，進深四間，四周環廊。往日，各級官吏和士紳覽園賞景，朝拜劉、關、張結義神像，多要至此憩息。亭外池塘碧清，桃柳夾岸，鳥語花香。清乾隆四十二年（1777）六月的《重新大廟增修結義園記》云：“乾隆二十三年（1758），州守張鎮於遺址開東、西兩池，築君子亭。”

【注釋】

君子：西周、春秋時對貴族的通稱。春秋末年以後，逐漸成爲“有德者”的稱謂。這裏泛稱有才德，即有學問、有修養的人。古人多有論及“君子”的名言警句，如：

“君子之行，静以修身，儉以養德，非澹泊無以明志，非寧静無以致遠。”（三國·諸葛亮）

“君子之所取者遠，則必有所待；所就者大，則必有所忍。”（宋·蘇軾）

“君子禍至不懼，福至不喜。”（漢·司馬遷《史記》）

“君子以道德輕重人，小人以勢輕重人。”（清·宋緌）

君子亭内

忠義千秋

【説明】

此匾懸於君子亭内正上方。木質，横式，規格爲 180 厘米 ×330 厘米。周邊雕飾描金雲龍圖案。藍地金字。正書。上款題“丁亥年（2007）秋月”，下款署“美國夏威夷潮州商會”。

另附人名：

羅鎮澄　陳昌汉　邱垂玄　紀梓浩　紀美英　羅鎮成

許允庄　許世興　紀式光　賴建育　羅鎮邦　林國成

陳昌隆　苏炎通　阮　海

影壁

弎分砥柱

【説明】

此爲結義園影壁上方題刻。石質，横式，規格爲 139 厘米 ×77 厘米。 篆書，字徑 28 厘米。無款識。

影壁爲結義園附屬景觀之一。壁前矗立太湖石一塊，形若陡峰；石後影壁上方爲此題刻。用以象徵和贊頌關羽是三國鼎立時扶持蜀漢正統的中流砥柱。

【注釋】

三分：一分爲三。指魏、蜀、吴三國鼎立的歷史時期。

砥柱：山名，亦名砥柱山、三門山，在河南省三門峽市，爲河急流中的石島。山在水中若柱，故名，世人常以“中流砥柱”比喻能擔當重任的人。

對日

【説明】

此爲結義園影壁右券門南面題額。磚刻，横式，磨磚砌框，規格爲 89 厘米 ×60 厘米。正書，字徑 23 厘米。無款識。

【注釋】

對日：《辭海》本條：東漢建和元年（147）正月日食，京師不見。太后下詔問黄琬祖父黄瓊，思其對而未知所答，琬年七歲，在傍説道："何不言日食之餘，如月之初？"後因以"對日"稱人早慧。此處當指關公的道德及其精神可對天日。

緑深

【説明】

此爲結義園影壁右券門北面題額。石質，横式，磨磚砌框，規格爲 82 厘米 ×67 厘米。隸書，字徑 19 厘米。無款識。

【注釋】

緑深：緑濃。形容結義園景色之美。深，茂盛。唐 · 杜甫《春望》有“國破山河在，城春草木深”。宋人常用“緑深”入詞。如：“春波灩灩浮春渚，緑陰一徑風兼雨。又作去年時，緑深垂蔓籬。”（蘇庠《菩薩蠻》）“蒼苔路古，鹿鳴芝澗，猿號松嶺。露浥鳳簫，烟迷枸杞，緑深翠冷。”（葛長庚《 水龍吟》）

結義亭

結義亭

【説明】

此匾有二，分别懸於結義亭南、北門楣。均爲木質，横式。黑地金字。規格爲170厘米×86厘米。行書，字徑59厘米。北門題“己卯（1999）秋月”，“士星書”。鈐朱印一方。南門下款署“汪國真”。鈐朱印一方。

士星，即郭士星，簡介詳見“君子亭”。

汪國真，生於北京，祖籍厦門，1982年畢業于暨南大學中文系，爲20世紀80年代末90年代初紅極一時的詩人。同時，又致力於書畫和音樂的研究。他的書法作品被鐫刻在衆多勝地。

結義亭，又稱三義閣。面寬、進深各五間，四周環廊。内藏清乾隆二十七年（1762）知州言如泗所立劉、關、張桃園三結義刻石。工藝精湛，綫條細膩，意境優美，人物傳神。清乾隆四十二年（1777）六月的《重新大廟增修結義園記》云：“（乾隆）二十七年，州守言如泗於後建三義閣。”

又，民國九年（1920）《解縣志 · 名宦傳》載：“言如泗，江蘇昭文縣人，先賢言子後裔。恩貢，教習保舉，歷任垣曲、聞喜、保德諸州縣，保舉知府。乾隆二十六年，題補解州，修州志，統屬縣及運城於解，命曰全志。修城池、壇廟、衙屬，增渠堰、堤防，百廢俱舉。葺學宫，置書院基址，尤孜孜以培文教爲務，人材自兹日盛焉。在任作《結義園記》，有關祀典。其詞曰：解梁爲關聖故里，常平祖墓巋然。廟在州西門外，南峙條峰，北環鹺海，山雄水闊，誠勝區也。廟南有園，左右蓮池，前爲君子亭，林木蓊鬱，池泉清澈，頗有幽趣，游人於兹憩息焉。後建結義廟三楹，左關右張，中位昭烈，遥與大廟相對。余莅州瞻謁，心竊不安者久之。粤稽三國本傳，昭烈爲平原相夫子，與桓侯爲别部司馬，分統部曲，與二人寢則同床，恩若兄弟，而稠人廣坐，侍立終日。桓侯傳又稱夫子年長數歲，飛兄事而已。結義名稱，非古也。矧君臣分定，并坐一堂，且君廟北向，臣廟南向，神其安否。余進州人士，而正告之。桃園結義，正史不傳其説。夫以异姓，不啻同氣，友恭推及朋儕，夫子一片丹誠，同心戮力，共扶漢室，始終不渝，不特可以風後世之爲人臣，并可以風後世之爲人弟、爲人友者，其説至今存可也。師其意，不妨留其迹。爰撤像繪圖，仿佛當年微時景象，并重構數楹，勒石於内，題額曰結義園，俾四方人士憩息之餘，瞻仰儀容，肅然以思，爽然若失。則斯舉也，寧惟是神人胥安，而敦倫飭紀，維持風化，亦於是乎寓也。是爲記。時乾隆二十七年五月吉日。”

關帝廟
大義參天

端門（南）

大義叅天

端門（北）

關帝廟

【説明】

此爲端門正面明間當心題刻。石質，橫式，規格爲 195 厘米 ×61 厘米。黑地紅字。正書。書體穩健端莊，嚴謹凝練。字徑 51 厘米。

端門，即第一門，位於主廟前沿當心，創建年代不詳，明代已有。磚結構，面寬三間，歇山式屋頂。辟有門洞三孔，明間凸起、寬大，高 10 米；兩次間微低且小。門洞上方磚雕橫披和題額，還有荷花、牡丹、寶相花、卷草以及行龍、侍吏等圖案。主從有致，古樸雄偉。

扶漢人物

【説明】

此爲端門背面明間當心題刻。石質，横式，規格爲 192 厘米 ×60 厘米。黑地紅字。魏楷。字體略帶隸意，饒有古雅風韵。字徑 52 厘米。

【注釋】

扶漢人物：贊關羽。扶，扶持、輔助。漢，蜀漢。

精忠貫日

【説明】

此爲端門次間正、背兩面當心題刻。石質，横式，規格爲 180 厘米 ×60 厘米。背面題刻之周邊無圖案裝飾。均爲黑地紅字。魏楷。字體圓勁相兼，剛柔相濟，質樸大氣。字徑 48 厘米。正面上款題："明嘉靖二十七年（1548）仲夏之吉　耆老　督工　姚安　馬永健　吏　裴智。"下款署："高陵吕柟書　郡人王守春立石。"

【注釋】

精忠：形容赤誠忠心。忠，就是忠誠、忠實、忠厚，發自内心的誠敬與不欺，它是人與人之間以信賴爲基礎的高尚的道德情感。

貫日：遮蔽日光。古人常以之爲精誠感天的天象。《史記 · 魯仲連鄒陽列傳》："昔者荆軻慕燕丹之義，白虹貫日，太子畏之。"裴駰《集解》："應劭曰：精誠感天，白虹爲之貫日也。"柳亞子《哭龔鐵錚烈士》詩："成敗空天問，精誠貫日明。"

大義參天

【説明】

此爲端門次間正、背兩面當心題刻。石質，横式，規格爲 188 厘米 ×60 厘米。背面題刻之周邊無圖案裝飾。均爲黑地紅字。魏體。字體魏中含隸，筆力勁健，不計點畫，功力自顯。字徑 48 厘米。正面上款題：“署印道士亢崇。”下款署：“高陵吕柟書　郡人王守春立石。”

有研究者認爲，關公的“義”，主要體現有三：一是兄弟同生死、共患難的情義。爲了兄弟之義，任何利益，包括金錢、權勢、地位、美女、妻子，甚至生命，都可捨弃。二是知恩圖報、有恩必報的信義。他降順曹操，是以“三約”爲前提的，并非貪生怕死。後來投奔劉備是有言在先，來去明白，并非無義。曹操對他再好，但“新恩雖厚，舊義難忘”，先後有别，恩義分明。斬顔良、誅文醜，他尚認爲不足以報，故又有華容道的“義釋曹操”。三是救困扶危、除暴安良的俠義。當年，他就是怒殺了横行鄉里的豪霸，才避難在外、浪迹江湖的。

民國九年（1920）《解縣志 · 名宦傳》載："吕柟，字仲木，高陵人。正德二年（1507）進士第一，授修撰。嘉靖時，議大禮，與張、桂忤，以十三事自陳。中以大禮未定爲謟言，日進爲己罪，下詔獄，謫解州判官，攝行州事。恤煢獨，减丁役，勸農桑，興水利，築堤護鹽池。行吕氏鄉約及文公家禮，求子夏後，建司馬温公祠。四方學者日至，爲闢解梁書院以居之。居三年，御史盧焕等累薦升南京宗人府經歷，累晋南禮部侍郎，致仕歸，卒。解梁士聞之，皆設位行心喪。柟受業渭南薛敬之，接河津薛瑄之傳，學者稱涇野先生。邑建專祠，許樾作記，其文曰：涇野先生爲南少宗伯，樾獲侍教焉。粹宇深衷，穆如春風，澤如良玉，介如磐石，躬備隆德矣。每進見，輒數日不蓄鄙吝，駸駸乎若有悟。會解梁、邱孟學同署，雅相驩也。邱蓋先生謫判解梁親受經者。居無何，先生拜表行。會天變，乞致仕，得請家居。而樾坐劾罷尚書郎，落職山東濮州，兩期移平陽同知。於是邱孟學以憂居解梁，而先生捐館舍。仁賢之萎，天哉！壬寅冬，有北警，當道令先事飭備余載簡書行縣。至解，則謁先生於祠堂，慰孟學於苫次。而州守解字仲約者，則私淑先生之學，宜民和人，罔或恫怨，良有司也。携之詢故老，問解遺愛，則故老嘖嘖嘆息曰先生先生云。邱孟學曰：先生訃至解也，吾解人聚哭於祠堂，朝夕臨者三日，衰服者二十七日而除。樾聞之嘆曰：乃今知聖賢用世牖俗之功，入人之深也。先生初去解，解人思之，建祠堂，貌先生於生。先生訃至解，解人哭之，衰服而報，如君父於没，是豈可偶獲耶？無他，誠意而已。别去癸卯季春，余又以公事至，解守□□□學同拜先生像而飲仰山堂中。堂蓋先生課解士構也。解守乃白於予曰：情守宫也。知先生政解，瘠地也，人丁門所輸倍徙於他郡邑，乃力白於當道，得均减於各郡邑者什之五。解人得不阽於死亡離散者，先生也。事載去思碑中，他如開西禁門以便鹽利，聯鄉約以振偷靡，課農桑，正婚祭，申律誥，問民所疾苦，民受其賜，不知誰所爲也。請颺先生之政以告解人。邱孟學曰：東魯受經三年矣，知先生教。先生撤淫祠，爲書院，崇正學，躬以率人。會有以廢舉業者，爲先生請。先生曰：程子教人不廢舉業，其言曰，不患妨功，惟患奪志。若舉業以明理，治生而受命，則即此是學。請颺先生之教以告解人。樾乃作而言曰：余聞先生政教矣，請舉先生之所以述聖學而俟百世者以告，可乎？夫自孟子之教湮，而處士横議，幸賴濂溪啓源，伊洛浚瀾，張子揚波，朱子匯流，皆正派也。舍是而他求，則旁溪迷津矣。嗣是許魯齋仰師文公，薛敬軒上挹魯齋，爲得其的派。先生生乎二公之後，旁搜遠紹，仰思俯得。今觀因問：五經諸説，皆先行而言從，菽粟之味，布帛之文也。今之爲陸學者，過高而非實，實非陸也。視先生之學不有媿耶？余故曰：繼朱子者，魯齋一人而已。繼魯齋者，敬軒一人而已。繼敬軒者，先生一人而已。解人祀先生矣，爲士若民，尚崇志於先生之學乎。先生當并敬軒從祀聖門，爲天下學士師程，固非解人之所得專也。先生姓氏履歷，詳在去思碑，兹不述。邱孟學解人深造先生之道而有得者。解守名情，山東東平人，敬守先生政教，亦先生之徒也。書此鑱之石，告解人，俾勿壞。"

【注釋】

參天：高出空際。《漢書 · 谷永傳》："太白出西方六十日，法當參天，今已過期，尚在桑榆之間。"宋 · 梅堯臣《和永叔啼鳥》詩："深林參天不見日，滿壑呼嘯誰識名。"

鐘樓

鐘樓

【説明】

此牌爲雉門前甬道東頭鐘樓樓額。木質，横式，規格爲 198 厘米 ×95 厘米。紅地金字。正書，字徑 60 厘米。結體工穩而不失靈動，書寫平實而不失清峻。無款識。

鐘樓系明萬曆（1573—1620）間增建，樓身每面三間，平面爲正方形，兩層，總高 17.19 米。上層爲木構重檐歇山頂，下層磚砌墩台，造型秀美而挺拔。

鼓樓

鼓樓

【說明】

此牌爲雉門前甬道西頭鼓樓樓額。木質，横式，規格爲 198 厘米 ×95 厘米。紅地金字。正書。書體嚴謹，章法有度，厚實穩重，端莊肅穆。字徑 60 厘米。無款識。

鼓樓的始建年代與形製同鐘樓。兩相對峙於廟前兩隅，增廟堂之威嚴，顯壯麗之氣勢。

關聖義起

【説明】

兩方。分别題刻於鐘、鼓樓墩台磚砌券門（外）之額 。石質，横式，規格爲 120 厘米 ×49 厘米。黑地紅字。行書，字徑 37 厘米。前兩字較工穩，後兩字較靈動。無款識。

【注釋】

義起：因“義”而“起”。贊關公當年出於“義憤”奮起怒殺惡霸。

萬代瞻仰石坊

萬代瞻仰

【説明】

此爲鐘樓東側石牌坊正面上方題額。石質，横式，規格爲 280 厘米 ×100 厘米。原色不詳，後人塗色爲黄。正書，書體平實，字徑 49 厘米。上款題："巡撫山西都察院右僉都御史吴甡　巡按山西監察御史馮明玠　張孫振　巡按山西等處監察御史楊希旦　姜思睿　分巡守河東道山西布政司右參政葉運桂　吴阿衡　李一鼇　羅應□　丘民仰。"下款署："山西左布政使今陞山東登萊巡撫楊文岳　平陽府知府黄連恒　同知盧□胤　推官劉士連　劉光彩　解州知州王治　崇禎拾年(1637)肆月初捌日建　郡山人趙鼎書。"

據考，吴甡、馮明玠、張孫振、吴阿衡、丘民仰、楊文岳等《明史》有載。

關帝祖廟内外原有八座牌坊，其中七座爲木構瓦檐（一座清代時已毁於火），唯此坊爲石材雕造。時間爲明末崇禎（1628—1644）年間。三開間廡殿式，總高 9.04 米。造型壯觀，工巧華美。構件規整，雕造精細。尤其是正、背兩面額枋上布滿浮雕人物故事圖案，内容爲《三國演義》中關羽的英雄功績。同時，還雕刻有許多瑞獸和花卉。刀法靈勁，極具神韻。

"萬代瞻仰"題額下另有題刻："敕封三界伏魔大帝神威遠鎮天尊關聖帝君。"上款題："山西平陽府解州知州王治創工　吏目薛敷政　儒學訓導李祉。"下款署："崇禎九年四月吉旦　郡儒官張治化書　道官任和念　募緣道人任知屏　趙德□。"

正氣常存

【説明】

此爲鐘樓東側石牌坊背面上方題額。石質，横式，規格爲 300 厘米 ×50 厘米。原色不詳，後塗色爲黄。行楷，有魏筆之意，字徑 49 厘米。上款題曰：“户部山東清吏司郎中郡後學李爲□謹題　助工銀陸拾兩　崇禎九年（1636）四月吉旦山西平陽府□□。”中部題：“巡按陝西茶馬福建道監察御史姚世順。”下款署：“崇禎十年（1637）四月吉旦郡儒官張治化書。”

“正氣常存”額下亦有題刻，内容同“萬代瞻仰”。

【注釋】

正氣：充塞天地間至大至剛之氣，也指正派的作風或良好的風氣。體現於人，則爲浩然的氣概、剛正的氣節。宋 · 文天祥《正氣歌》：“天地有正氣，雜然賦流形。下則爲河岳，上則爲日星。於人曰浩然，沛乎塞蒼冥。”

威震華夏木坊

威震華夏

【説明】

鼓樓西木牌坊明樓華板正、背兩面當心題額。木質，横式，規格爲 436 厘米 ×131 厘米。無施色。榜書，字徑 108 厘米。書體肥碩壯實，堪與牌坊規模相匹。上款題曰：“同治八年（1869）孟秋。”下款署：“州守朱煐重修。”

木坊位於端門西側，爲清乾隆二十七年（1762）重修，同治八年補葺。光緒三年（1877）失火，東側“義壯乾坤”坊焚毀，此坊幸有民衆及時撲救，大部構架尚存。經民國八年（1919）重修，保存至今。

【注釋】

《三國志 · 關羽傳》: “（建安）二十四年，先主爲漢中王，拜羽爲前將軍，假節鉞。是歲，羽率衆攻曹仁於樊。曹公遣于禁助仁。秋，大霖雨，漢水泛溢，禁所督七軍皆没。禁降羽，羽又斬將軍龐德。梁、郟、陸渾群盜或遥受羽印號，爲之支黨，羽威震華夏。”

威震華夏：氣勢强勁，威力無比，威震了中原。比喻聲勢和影響極大。

華夏，古代漢族的自稱，亦作“諸夏”。“華”意爲“榮”（《説文 · 華部》），“夏”意爲“中國之人”（《説文 · 夊部》），“中國”是中原的意思。古人常以“夏”和“蠻夷”或“裔”對稱，也常以“華”和“夷”對稱。華夏初指中原地區，後指全中國。

服務部

雉門

關帝廟

【説明】

此爲雉門匾額。木質，竪式，斗形，規格爲320厘米×152厘米。匾周彩飾飛雲行龍。古樸高雅，莊重大方。朱紅地，貼金字。榜書，字徑75厘米。字體碩大，筆法遒勁，氣勢磅礴，頗富王宫帝闕之氣象。惜無款識，書者無以得知。

雉門，古代王公諸侯之宫門，也有記述爲天子之宫門，位於主廟前沿中軸綫上端門以内。始建年代不詳，現風格爲清後期。面闊三間，進深兩架四椽，歇山式屋頂。後檐增築抱厦三間爲樂樓（戲臺）。

關帝廟

文經門

文經門

【説明】

此爲文經門匾額。木質，竪式，斗形，規格爲 293 厘米 ×120 厘米。匾周之雕飾簡潔精緻。紅地金字。榜書，字徑 47 厘米。書體敦實厚重，諧調悦目。

文經門，爲文吏朝拜時出入之門，設於雉門之東側。

武緯門

武緯門

【説明】

此爲武緯門匾額。木質，豎式，斗形，規格爲 293 厘米 ×120 厘米。紅地金字。榜書，字徑 52 厘米。製作手法與書體風格同文經門。

武緯門，爲武將朝拜時出入之門，設於雉門之西側。

文經武緯，指文事武功或文經武略。《隋書 · 高祖上》："文經武略，久播朝野。"宋 · 范仲淹《奏上時務書》："我國家文經武略，天下大定。"歷代建國興邦，各級官吏肩負國家成敗與興衰的重要使命。依其文韜武略，臣吏一般分作文武兩班。此二門就是根據歷代各級官吏班列建造。

祠
119
119
119
119
消防器材 严禁挪用
灭火器

崇聖祠

崇聖祠

【説明】

此爲崇聖祠門匾額。木質，竪式，斗形，規格爲 216 厘米 ×99 厘米。紅地金字。榜書，字徑 43 厘米。綫條沉實，結體嚴謹。

崇聖祠是供奉關公三代祖宗偶像和牌位的祠宇，位於廟内前沿東隅，創建年代不詳。現存正殿面闊五間，爲清雍正年間（1723—1735）所建；山門三間，爲清同治八年（1869）所構。

崇聖祠，最早爲春秋魯哀公始建的孔祠。由漢起，歷代王朝皆尊孔子爲聖人，設廟祭祀，并及孔子先人。曲阜孔廟後舊有啓聖祠，祭祀孔子之父孔梁紇。清雍正元年又追封孔子祖先五代爲王爵，改啓聖祠爲崇聖祠，合廟祭祀。解州關帝廟崇聖祠的性質與孔廟相同。

崇功高峻直與條山共永
聖德昌隆恰隨鹺海長光

【説明】

此聯懸挂於崇聖祠明間中柱。木質，規格爲 260 厘米 ×29.5 厘米。行書。上聯題：“丙戌季（2006）秋月楊明珠撰聯。”下聯落款爲：“古絳州王陸書　印尼華僑楊闕秀容　敬獻。”

崇聖祠殿

仰忠諫發脉流徽宗功浩大
緬光昭啟绪衍祥祖德緜長

【説明】

此聯懸於崇聖祠正殿明間中柱。木質，規格爲 260 厘米 ×37.5 厘米。紅地藍字。行書。上聯題：“丙戌（2006）季秋月。”下聯落款：“楊明珠並識　香港陸志華　陸邱惠南　敬獻。”

此聯盛贊關氏淵與流之重要人物，其發脉流徽，啓緒衍祥，宗功祖德，浩大綿長。

【注釋】

忠諫：即关氏始祖夏大夫關龍逄（音 páng），因犯顏直諫，慘遭夏桀“熗烙之刑”，史稱“死諫開先第一人”，即中國歷史上第一個以死諫君的忠臣。光昭：指關羽曾祖，光昭爲雍正皇帝所封公爵名號。

崇聖祠殿内

忠義奕世

【說明】

此匾懸挂於崇聖祠正殿内關氏始祖關龍逄神龕上方。木質，横式，規格爲 100 厘米 ×200 厘米。紅地藍字。行書。上款題：“楊闕秀容　楊義生　楊忠生　楊翠楓　敬獻。”下款爲：“王陸書。”

【注釋】

奕世：累世，也作“奕代”“奕葉”，即一代接一代。《國語 · 周語上》：“奕世載德，不忝（不愧）前人。”

周太師尚父武成王之神位

【説明】

此牌置奉於崇聖祠。木質，斗形，規格爲 166 厘米 ×96 厘米。雕飾華麗，頭部及左右邊框均雕飾彩繪雲龍。藍地緑字。楷書，字徑 11 厘米。疑爲清代之物。

周太師尚父武成王，即周初杰出的政治家、軍事家，齊國始祖姜尚姜子牙。因其先祖佐禹治水有功被封于吕，子孫從其封爲氏，故又名吕尚。先在商做官，見紂王無道，辭官游説諸侯。年届七十，聞西伯（周文王）崇賢尚老，遂千里跋涉，遷徙陜西，釣于渭水。文王出獵相遇，一見如故，話語投機，曰“吾先君望子久矣”，因號“太公望”。同輿歸，立爲太師，輔佐周文王、武王滅商建立周朝，封于營丘（今山東臨淄），治齊。通工商之業，便漁鹽之利，使齊國居“七雄”之首。著有《六韜》一書。

祖廟將其供奉於内，乃姜尚最早列奉於武廟主神之故。

據考，武廟最早并非專祀關公的廟宇。在官方崇拜中，關羽當初是作爲武廟的配享者出現的。至於武廟源於何時，最早見於文獻記載者爲唐代。當時，武廟主神爲太公尚父（姜尚），故稱太公尚父廟。《新唐書 · 禮樂志》：“開元十九年 (731)，始置太公尚父廟，以留侯張良配。中春、中秋上戊祭之，牲、樂之製如文宣。出師命將，發日引辭於廟，仍以古名將十人爲十哲配享。”至上元元年 (760)，“尊太公爲武成公，祭典與文宣王比，以歷代良將爲十哲象坐侍。”這十位哲人，右爲張良、田穰苴、孫武、吴起、樂毅；左爲白起、韓信、諸葛亮、李靖、李勣。關羽進入武廟始於建中三年 (782)，此年禮儀使顔真卿奏言：“治武成廟，請如《月令》春、秋釋奠。其追封以王，宜用諸侯之數，樂奏軒縣。”於是，“記史館考定可配享者，列古今名將凡六十四人圖形焉”。這六十四位配享者包括范蠡、孫臏、廉頗等古名將，而蜀前將軍漢壽亭侯關羽也位列其中。至此，關羽始成爲武廟的配享者之一。

不過，終唐之世，關羽在官方祀典中無足輕重。至北宋初期，宋廷以“關羽爲仇國所擒”，一度曾將關羽撤出武廟陪祀的位置。只是到北宋中葉以後，在佛教、道教將關羽納入自身神系的影響下，朝廷才開始注意到關羽，并予以敕封。至宣和五年 (1123)，在禮部的奏請下，徽宗方“令從祀武成王廟”。南宋和元代時，關羽在官方祀典中地位有所提高。至明末，則由武廟的配享者一躍而被尊崇爲武廟主神。從雍正到乾隆年間，關羽及武廟又逐漸獲得與孔子及文廟相當的地位，武廟亦漸成祀關專廟。（《關羽崇拜的形成與民間文化傳統》）

【注釋】

尚父：亦作“尚甫”，指周代吕望，即姜尚姜子牙。意爲可尊敬的父輩。後世皇帝亦用來尊禮大臣。姜子牙鼎力輔佐周武王姬發滅商立周，故被尊爲“尚父”。無獨有偶，齊桓公姜小白尊管仲爲“仲父”。

神位：神的牌位。《周禮 · 春官 · 小宗伯》：“小宗伯之職，掌建國之神位，右社稷，左宗廟。”《淮南子 · 時則訓》：“是月，命太祝禱祀神位，占龜策，審卦兆，以察吉凶。”後泛指宗廟、祠堂中或祭祀時設立的牌位。

勅封關帝曾祖光昭王神位

【説明】

此牌置奉於崇聖祠。木質，斗形，規格爲 203 厘米 ×96 厘米。藍地金字。正書，字徑 14 厘米。邊框雕飾華麗，色澤鮮亮。年代不詳。據文獻，清咸豐五年 (1855)，加封關公三代爲王：曾祖光昭王，祖裕昌王，父成忠王。可知爲清代之物。

敕封關帝祖裕昌王神位

【説明】

此牌置奉於崇聖祠。木質，斗形，規格爲 203 厘米 ×96 厘米。藍地金字。正書，字徑 12 厘米。邊框雕飾與色澤同上。爲清代之物。

勑封關帝考成忠王神位

【說明】

此牌置奉於崇聖祠。木質，斗形，規格爲 203 厘米 ×96 厘米。藍地金字。正書，字徑 11 厘米。邊框雕飾與色澤同上。爲清代之物。

關壯穆侯之神位

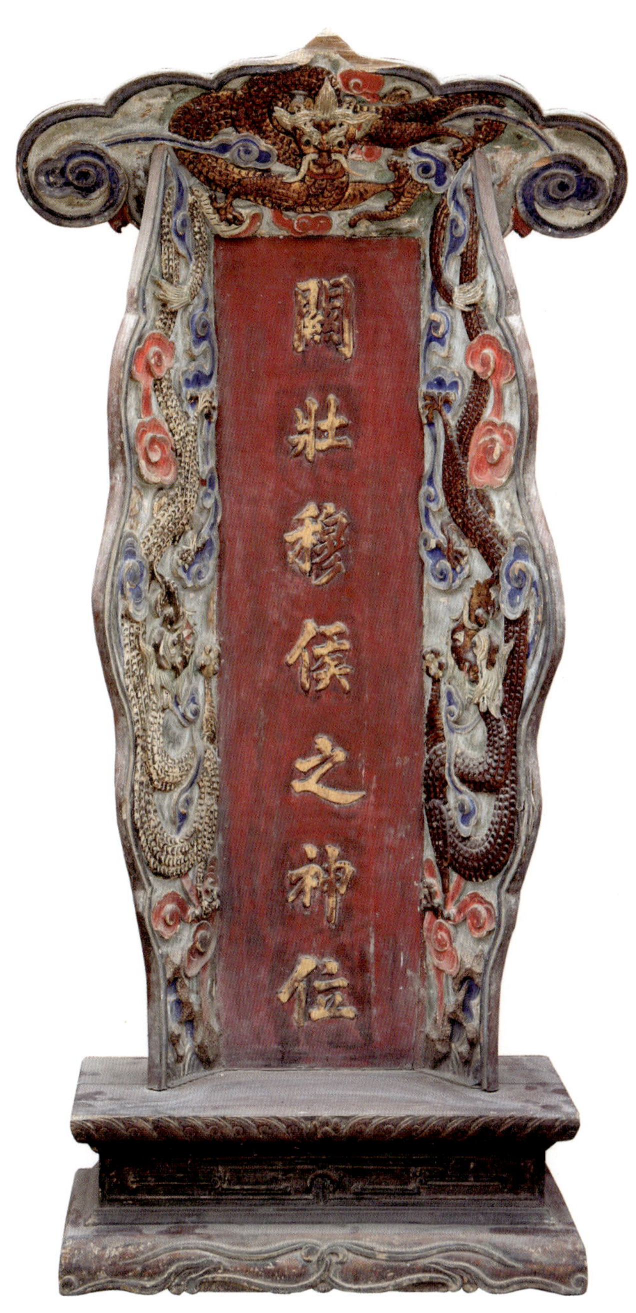

【説明】

此牌置奉於崇聖祠。木質，斗形，規格爲 149 厘米 ×76 厘米。紅地金字。正書，字徑 10 厘米。邊框雕飾精美，盤龍在上，行龍左右相繞。加上藍、紅、白、褐等多種色彩和諧搭配，極爲肅穆靓麗。年代不詳。

壯穆侯，關羽謚號，爲三國蜀景耀三年（260）、時值關公誕辰100周年後主劉禪追謚。

供奉漢關夫子 昭烈皇帝　丞相武矦　桓矦張夫子老爺之神位

【説明】

此牌置奉於崇聖祠。木質，斗形，規格爲 100 厘米 ×80 厘米。藍地。除“供奉”“關”“昭烈”“丞相”和“桓矦”文字爲紅色外，餘均爲金色。正書，字徑 6 厘米。略有雕飾。年代不詳。

關夫子，是讀書人對關公的雅稱；昭烈皇帝，是劉備，昭烈爲其謚號；丞相武侯，是諸葛亮，其生前輔佐劉備建立了蜀漢政權，官至丞相，封武鄉侯，死後謚忠武侯；桓侯張夫子，是張飛，桓侯爲其謚號。

岳忠武王之神位

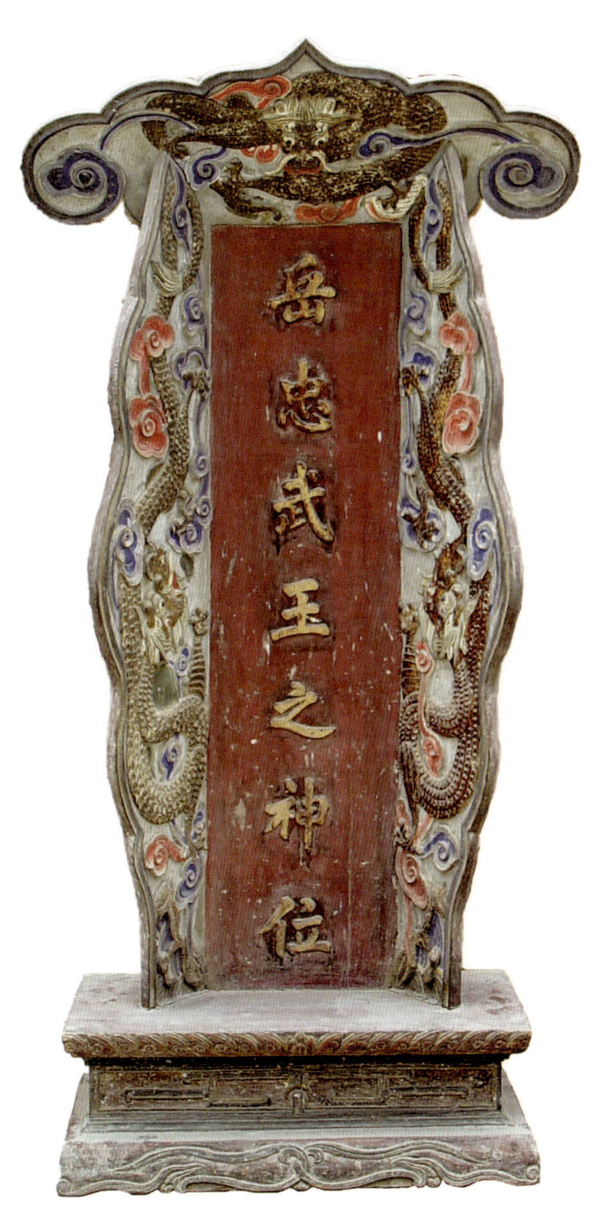

【説明】

此牌疑置奉於關岳廟。木質，斗形，規格爲 149 厘米 ×76 厘米。紅地金字。正書，字徑 10 厘米。邊框雕飾華麗。年代不詳。

岳忠武王，即南宋民族英雄岳飛。宋孝宗於淳熙五年（1178）追謚武穆，宋寧宗於嘉泰四年（1204）追封其爲鄂王，宋理宗又於寶慶元年（1225）改謚忠武，故後人稱岳忠武王。

據解州關帝廟民國七年（1918）《創建關岳廟碑記》，結義園君子亭曾被設爲關岳殿。但不論怎樣，岳飛是作爲陪祀者出現的。

胡公祠

胡公祠

【説明】

此牌置奉於胡公祠。木質，斗形，規格爲 113 厘米 ×88 厘米。紅地金字。正書，字徑 18 厘米。邊框雕飾華麗。

此祠相傳爲關公夫人胡氏家祠。唐代胡氏後裔胡證官拜工部侍郎、嶺南節度使等職，始於此建祠奉祀。自成院落，現存正堂三間，爲清代遺構。

樂樓

武廟之祖

【説明】

此匾懸於雉門内。木質，横式，規格爲 303 厘米 ×96 厘米。紅地金字。美術字體，字徑 34 厘米。上款題："二〇〇一年十月十八日山西運城解州關帝廟新千年首次金秋大祭紀念。"下款署："中華道教關聖帝君弘道協會暨臺灣宜蘭礁溪協天廟會長　主任委員吴朝煌　臺北新店明聖宫住持柯金生　監事長柯德隆　臺中東勢善教堂副會長　主任委員羅濟潭　桃園大溪普濟教堂主任委員林添福　臺南關帝殿主任委員陳展鬆　臺南永康參天宫主任委員周俊生　屏東恒邑鎮天宫主任委員宋恒義　臺東太平文衡殿主任委員賴萬成　彰化員林玉天宫主任委員賴派　臺中神岡大明宫主任委員林清俊　臺中南天宫主任委員吴光雄　桃園明聖道院住持高廣源　桃園石門山奉聖宫住持廖忠富　宜蘭西關廟主任委員陳進祥　花蓮聖天宫主任委員孫紹友　臺北土城協天武聖殿主任委員王延釜

臺北萬里南天聖天宫主任委員蔡朝樹　臺北坪林關聖宫主任委員鄭天來　彰化綿西温安宫主任委員趙昭明　彰化關帝廟主任委員陳孟圭　臺中醒修宫董事長盧坤石。”

【注釋】

武廟: 即奉祀關羽之廟。南宋建炎二年(1128), 高宗趙構封關羽爲壯繆義勇武安王, 其時已有關王廟。明萬曆(1573—1620)間進爵爲帝, 其廟號“英烈”, 繼又尊爲“武廟”, 祀典亞于文廟。

祖: 祖廟。《尚書 · 舜典》: “受終於文祖。”傳: “文祖者, 堯文德之祖廟。”《周禮 · 考工記 · 匠人》: “左祖右社, 面朝後市。”注: “祖, 宗廟。”尊解州關帝廟爲“武廟之祖”, 已成海内外人士共識。故 2005 年第十六屆關公文化節《祭關帝文》中有詞曰: “九州共仰, 四海同宗。”

樂樓内景

全部春秋

【説明】

此匾懸於雉門後部樂樓（戲臺）明間金柱門楣。木質，横式，規格爲 307 厘米 ×155 厘米 ×9 厘米。匾周無飾。紅地金字。字體爲正書，字徑 50 厘米。上款題：“民國五年（1916）清和上浣穀旦。”下款署：“後學李甲鼎敬題。”鈐印兩方。

樂樓位於雉門後檐處，與雉門臺基、瓦檐叠構一體，坐南面北，是祭祀關公時酬神演戲的地方。

【注釋】

全部春秋：疑有兩指。一是指關公生前最喜讀的儒家經典之一《春秋》，二是指關公的全部人生。

演古

【説明】

此爲雉門後部樂樓上場門題額。木質，横式，規格爲102厘米 ×85厘米。藍地紅字。正書，字徑37厘米。

【注釋】

演古：表演古代的故事。成語有“演古勸今”，意思是表演古代的故事勸誡今天的人，出自清 · 鄭燮《城隍廟碑記》。

證今

【説明】

此爲雉門後部樂樓下場門題額。木質，橫式，規格爲102厘米×85厘米。藍地紅字。正書，字徑37厘米。

【注釋】

證今：證明或驗證現實中的事情。與此相關的成語有“引古證今”“援古證今”。

午門

午門

【説明】

此牌匾兩方。分别懸於午門正、背兩面檐下 。木質，正面者爲斗形，竪式，規格爲184厘米×96厘米。紅地金字。背面者爲横式，規格爲252厘米×132厘米。紅地黑字。兩牌匾字體均係行楷，字徑分别爲58、107厘米。收放自如，穩重有力。加之金與紅、黑與紅有機相配，色調悦目，給人以廟堂特有的莊重肅穆之感。

午門，又稱五朝門。位於雉門和御書樓之間的中軸綫上，是解州關帝廟開間最大的唯一一座廡殿式五脊頂建築。歷史上的午門不僅是帝宫之門，還是文武群臣待朝、俟命、候旨和頒布詔書的重要場所。因關羽封帝，故享有如此待遇。不過，它只是一座禮儀性的建築，并無實際功能。

午門創建年代不詳，據碑記明代已有。因地震、火災，屢次修復。現存爲民國九年（1920）建築。面闊五間，進深三間。前踏道當心設青石雕龍雲路一方，以示“龍躍海面，戲珠呈祥”。前後檐臺明上，除通道外均安設石勾欄圍護。望柱頭和欄板上雕有多種龍鳳等吉祥圖案。

普濟商民

【説明】

此匾懸午門東次間。木質，横式，規格爲 320 厘米 ×190 厘米 ×9 厘米。邊框飾貼金和彩繪吉祥圖案，如“連升三級”“五富五泰”“琴棋書畫”和“八仙”等。黑地金字。行書。書有法度，不失活氣。字徑 74 厘米。上款題：“中華民國貳拾年（1931）九月穀旦獻。”下款署：“昆裕德　裕厚泰　慶泰合　天德元　萬順源　敬成元　自立榮　益記號　自立忠　敬信義　晉益合　敬興吉　德懋興　敬信瑞　德盛合　永義長　德懋

祥　敬益永　邑人張鵬翼敬書。”下鈐“伯羽”圓形朱文印章和“張鵬翼印”方形白文印章。

【注釋】

普濟：普遍濟助。語出晋 · 陸機《演連珠》之二十：“威以齊物爲肅，德以普濟爲弘。”

穀旦：良辰；美好的日子。舊時常用爲吉日的代稱。

邑人：指同縣之人或同鄉之人。

乾坤正氣

【説明】

此匾懸午門明間。木質，横式，規格爲 222 厘米 ×104 厘米 ×4 厘米。黑地緑字。行草，字徑 40 厘米。無書者姓名，有學者認爲爲柯璜書。上款題：“中華民國十六年（1927）九月穀旦。”下款署“本邑弟子孫楚謹叩。”

柯璜（1876—1963），字定礎，號緑天野人，浙江台州黄岩桐嶼人（今屬台州市路橋區），當代著名畫家、書法家和社會活動家。畢業於京師大學堂（現北京大學），歷任山西大學教授、山西博物館館長、山西圖書館館長、北京故宫古物陳列所主任、中國美術家協會理事、西南區美術工作者協會主席等。一九六三年卒於太原，時董必武、周恩來、陳毅、李雪峰等中央領導人分别送花圈、挽聯悼之。

先生傾心于“二王”（王羲之、王獻之）、“二張”（張芝、張旭）、懷素，作品以行書和草書居多，尤其以草書最爲突出。筆法遒勁，氣勢磅礴。二十世紀三十年代初，曾以書與齊白石并稱“二璜”，留有“二璜唱雙簧”之佳話。所畫山水、花卉，以大寫意法爲之，着色穠麗，用筆則純以大草之法融入畫中，水墨之作亦然。布局嚴謹，逸氣縱横。

孫楚（1890—1962），山西解縣人，保定陸軍軍官學校畢業。一九一四年爲閻軍的見習排長，一九二八年升爲三十三師師長。北伐戰争期間，出任北京市警備司令。中原大戰結束後，出任正太護路軍司令。孫楚是第一個與共産黨軍隊交手的閻軍將領，在臨縣黄河一綫阻擊紅軍東征。抗日戰争爆發後，升任第六集團軍總司令。抗戰勝利後，擔任第八集團軍總司令，兼任太原綏靖公署副主任。太原戰役中，他傾向於投降，但從不公開表達己見。後在戰犯管理所度過了十二個春秋，一九六一年冬獲特赦，不久病逝，終年七十二歲。

威震華夏

【説明】

此匾懸午門東次間。木質，横式，規格爲 240 厘米 ×127 厘米 ×6 厘米。黑地金字。行楷，字徑 41 厘米。書體峻秀。無書者姓名。上款題：“民國二十四年（1935）十月十五日穀旦。”下款署：“芮城縣陌南鎮信士張馬氏為子孔文病敬叩。”

【注釋】

信士：指信奉道教、佛教的在家男子。漢碑有“義士”之稱，泛指出財布施者，宋代時避太宗趙光義諱，改稱“信士”。後專稱因信仰佛教而出錢布施的人。

氣塞兩間

【説明】

此匾懸午門西次間。木質，橫式，規格爲 223 厘米 ×109 厘米 ×4 厘米。黑地金字。魏楷。書體端莊凝重，方圓兼施，有魏筆之意。字徑 40 厘米。惜無書者姓名。上款題：“中華民國二十四年（1935）九月穀旦獻。”下款署：“信女孫張淑麟沐浴敬叩。”

【注釋】

氣塞兩間：氣，正氣。塞，充滿。兩間，天地之間。《宋史 · 胡安國傳》：“使信於諸夏，聞於夷狄者，無曲可議，則至剛可以塞兩間，一怒可以安天下矣。”

信女：意思是信奉佛教但未出家的婦女。

乾坤正氣

【説明】

此匾懸午門南次間。木質，横式，規格爲283厘米×115厘米。匾周雕飾描金行龍。黑地金字。行書，字徑50厘米。上款題："戊寅年（1998）五月山西運城解州關帝祖廟惠存。"下款署："福建石獅蚶江忠仁廟　九怪山人。"下鈐方印兩枚：白文爲"李仲安"，朱文爲"中國江南九怪山人"。

據資料，别號"九怪山人"的李仲安，年屆八十，却精神矍鑠，作書時筆走龍蛇，揮灑自如，頗具陽剛之氣。其字結體尤爲怪异，似書似畫，忽疏忽密，若斷似連，既因循一定的法度，更能於人意料之外而出新意，從而具有奇异的審美意趣。但觀此匾所書，着實不敢苟同。

忠義仁勇

【説明】

此區懸午門西次間。木質，横式，規格爲318厘米×103厘米。四周雕飾金龍和蝙蝠。黑地金字。行楷，字徑50厘米。上款題：“山西省運城解州關聖帝君千秋。”下款署：“福建省石獅市大崙村德義廟敬於一九九八年歲次戊寅桂月。”

福彌蒼生

【説明】

此匾懸午門東次間。木質，横式，規格爲 334 厘米 ×193 厘米。四周雕飾描金行龍。黑地金字。行楷，字徑 58 厘米。上款題：“歲次辛巳年（2001）農曆八月十三日穀旦。”下款署：“河東龍居羅義人寧新院敬獻（朱文名印一方）　景克寧題（朱文名印一方）　絳州萬安王陸書（朱文名印一方）。”

題者景克寧，原名景良彦，祖籍山西運城，一九二二年生於北京。我國著名學者、教育家、演講藝術家。二〇〇六年逝世。其祖父景梅九是民主革命先驅、國學大師。

書者王陸，一九四四年生，山西新絳人。現爲國家一級美術師，中國書法家協會會員，山西省書法家協會副主席，山西運城市書法家協會主席。曾多次參加全國性書法大展，并先後在北京、太原、運城等地舉辦個展。作品和傳略被收入《中日書道家作品集》《中國文藝家專集 · 書法卷》《當代中國書法藝術大成》等。

【注釋】

彌：遍及，滿。蒼生：指百姓。

四海共仰

【説明】

此匾懸午門西次間。木質，橫式，規格爲 330 厘米 ×190 厘米。匾周飾有吉祥圖案。黑地金字。行楷，字徑 62 厘米。上、下款題：“公元二零零一年九月穀旦　劉永貴　劉長命　馬平定　劉克功　馬林山敬賀　河東賈起家敬書（下鈐朱印兩方）。”

賈起家，筆名硯田。一九五三年出生於山西夏縣。現爲中國書法家協會理事、中國文聯牡丹書畫藝術委員會常務副秘書長。書法作品先後榮獲“全國獎”“蘭亭獎 · 牡丹杯”及國際書法大展賽金、銀、銅獎等。主編出版《衛門書派研究文集》《懷素書學研究文集》兩部，字帖三種。

【注釋】

四海：古代以爲中國四境有海環繞。四海，猶言天下，指全國各處。

天道酬仁

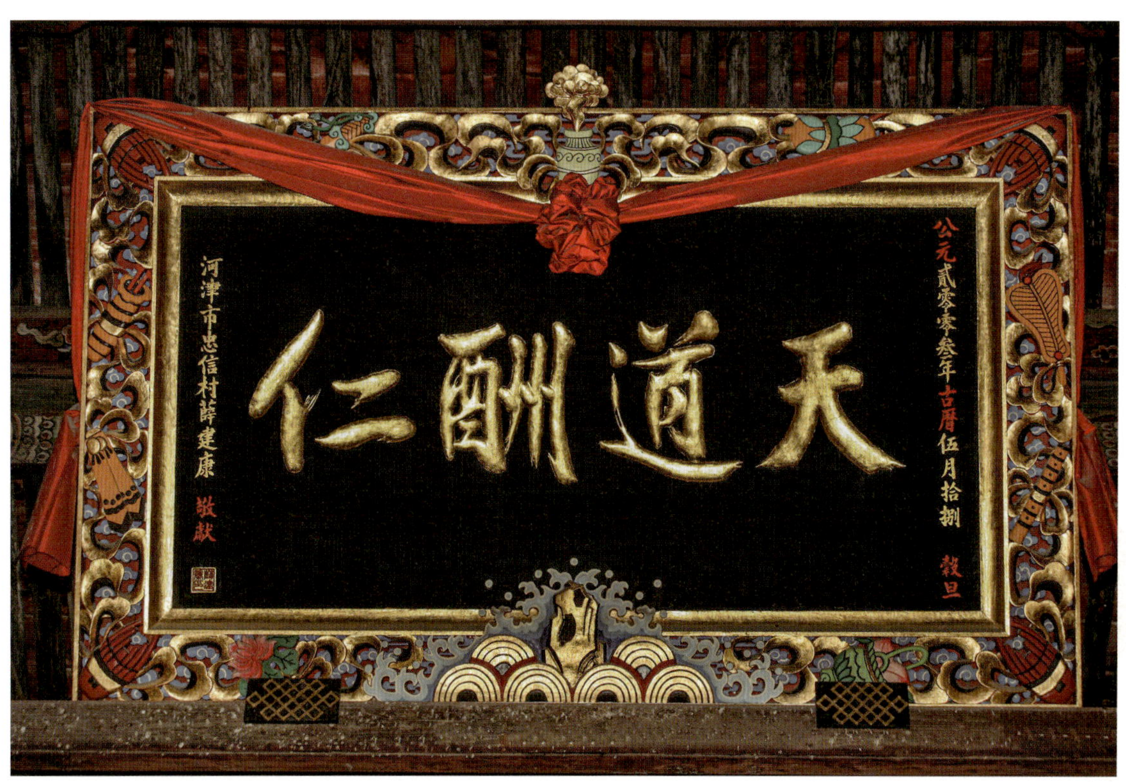

【説明】

此匾懸午門明間。木質，横式，規格爲336厘米×198厘米。四周雕飾有“暗八仙”等圖案。黑地金字。行楷，字徑55厘米。上款題：“公元貳零零叁年古曆伍月拾捌穀旦。”下款署：“河津市忠信村薛建康敬獻。”下鈐朱文名章一方。

此匾係中國書法家協會會員、山西省書法家協會理事、運城市書法家協會副主席、國家二級美術師陳曦所書。惜書者未署其名。

【注釋】

天道：是指天的運動變化規律，猶天理、天意等。語出《周易·謙》：“謙亨，天道下濟而光明。”

蔭庇萬代

【説明】

此匾懸午門西次間。木質，横式，規格爲 292 厘米 ×170 厘米。邊框分别飾有“風調雨順”“三羊開泰”“五福捧壽”圖案，并以篆書點明。黑地金字。行書，字徑 64 厘米。上款題：“公元二〇〇三年古曆十月穀旦。”下款署：“張克賢闔家敬獻　川石書。”并分别鈐贈匾人姓氏“張”和書者姓氏“裴”印。

裴川石，一九五一年生，山西平陸人。曾爲山西省書法家協會理事、運城市書法家協會常務副主席兼秘書長。

【注釋】

蔭：庇護。庇護人或受托於人，皆稱“蔭”。庇，遮蓋、掩護。

千秋丕範

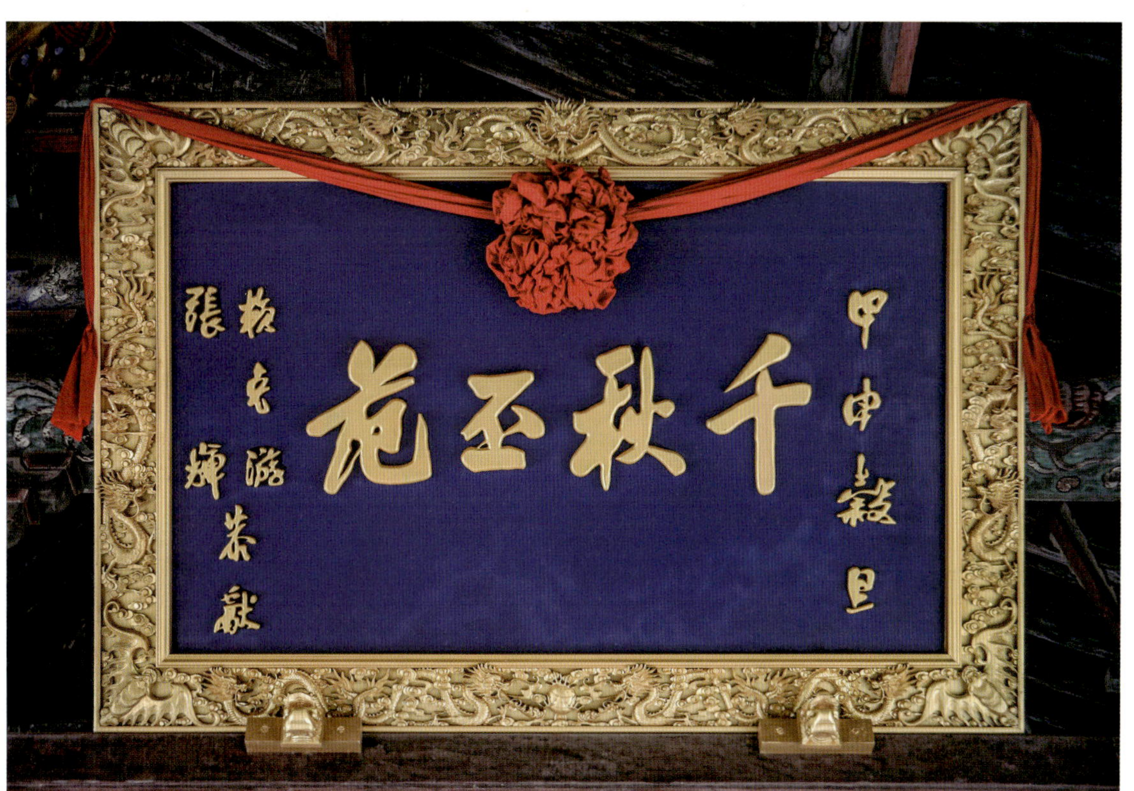

【説明】

此匾懸午門東次間。木質，横式，規格爲 300 厘米 ×198 厘米 ×7 厘米。匾周雕飾描金雲龍圖案。藍地金字。行書，字徑 51 厘米。上款題：“甲申（2004）穀旦。”下款署：“賴克游　張輝恭獻。”

【注釋】

丕範：大楷模。丕，大。《尚書 · 大禹謨》：“嘉乃丕績。”

國賊數操誰曰不然顧權無以異也　張撻伐建綱常天地低昂神鬼泣
聖鄉説魯旉乎尚已惟解亦相侔焉　仰威靈明祀事山川磅礴廟堂巍

【説明】

此聯懸挂於午門明間中柱上。木質，規格爲 380 厘米 ×51 厘米 ×3.2 厘米。黑地緑字。隸書，字徑 22 厘米。上款題：“民國二十一年（1932）春日。”下款署：“署理解縣縣長晋城郭象蒙敬題。”下鈐方印兩枚。

署理，舊時指代理、暫任或試充官職。解縣，舊縣名，轄關公故里。晋城，屬今山西。

郭象蒙喜書法，以隸見長。 此聯可謂其代表作之一。書法收放有度，縱横捭闔，筆法老道，舒展開張，險象環生，極具氣象。

聯語既罵操、貶權、頌羽，又借“魯”（山東，文夫子、文聖人孔子故里）説“晋”（山西，武夫子、武聖人關公家鄉），盛贊解廟之壯偉。文字因人而擇，語言因事而異。風格明快，氣勢奪人。但作者不免帶有傾向性，用封建正統觀念片面地評價歷史人物。

【注釋】

操：即曹操。

權：即孫權。

無以異：没有什麼兩樣。異，不同。

撻伐：征討之意。撻，音 tà，急速的样子，打擊。伐，讨，攻伐。

綱常：三綱五常的簡稱。三綱：即君爲臣綱、父爲子綱、夫爲妻綱。五常：即仁、義、禮、智、信。都是封建社會中儒家所説的常行不變的道德標準。

天地低昂：杜甫《觀公孫大娘舞劍器行》：“天地爲之久低昂。”

敻乎尚已：敻，音 xiòng，闊遠。尚，久遠。

解：解州，五代時置，清雍正初升爲直隸州。一九一二年廢，改州爲縣。

相侔：相匹配。侔，音 móu。

力扶漢鼎道闡麟經秉忠義伐魏拒吴　統南北東西四海咸欽帝君仙佛
氣禀乾坤心同日月顯威靈伏魔蕩寇　合古今中外萬民共仰文武聖神

【說明】

此聯懸挂於午門東、西次間北檐柱。木質，規格爲 380 厘米 ×51 厘米 ×3 厘米。紅地金字。行楷。綫條勁健，柔中見剛，結體寬博，爽朗有致。字徑 16 厘米。無款識。

聯語頌揚關公不啻是歷史上一位忠義力行、叱吒風雲的英雄，還是世俗中一位威靈顯赫、降魔救難的神明。

【注釋】

漢鼎：蜀漢的政權或帝業。鼎，古代以爲立國的重器。是帝王統治權力或國家的象征，常與國祚、國運相連。鼎在則國存，國滅則鼎遷。故建立王朝、確定國都稱“定鼎”，奪取政權稱“問鼎”， 等等。

道：一定的人生觀、世界觀、政治主張和思想體系。

麟經：《春秋》之别稱。相傳孔子即將出生之時，有麒麟吐玉書于山東曲阜闕里人家，孔子的母親明白這是祥瑞的征兆，就將一條繫璽印的絲繩綁在麒麟的角上。不久後，孔子就降生了。傳統吉祥圖案“麟吐玉書”和“麒麟送子”由此而來。然而，在定公二十四年（前 496），鉏商在大澤獵得一隻麒麟，拿來給孔子看，孔母給麒麟綁的那條絲繩還在它的角上。孔子抱著麒麟解下絲繩，淚濕衣襟，認爲瑞獸受傷，亂世將現，遂嘆息擲筆，停止了《春秋》的編撰。因爲孔子絶筆於“西狩獲麟”，故《春秋》也被稱爲《麟經》《麟史》。

欽：敬仰。

帝君仙佛：泛指歷代對關羽的崇奉和褒封。關羽殁後，蜀後主於漢景耀三年（260）追封關羽爲“壯繆侯”。此後，歷三國、兩晋、南北朝及隋唐，未見封賜。但自宋而後，先王后帝，褒封累累。尤其是明、清之際，封贈愈來愈高，愈來愈神，幾乎到了無以復加的程度。其中，明神宗朱翊鈞不僅使關羽大大超越了人間帝王，而且把他推向道教最高、最尊貴的地位，讓關羽既“協天護國”，又在“三界伏魔”。清德宗光緒在清代九個皇帝改賜加封的基礎上，最後把關羽的封號累叠至二十四字之多。儒、釋、道三教也不甘寂寞，争相把關羽拉進自己的教門，或奉爲“聖人”，或奉爲“伽藍”，或封爲“帝君”。至於在民間崇奉中，關羽似乎成了“萬能之神”。這種現象，在中國歷史上是絶無僅有的。

稟：領受，承受。舊時常指受于自然的體性或氣質。

聖神：封建時代稱頌帝王之詞，后泛指聖人。

精忠貫日木坊

精忠貫日

【説明】

此爲樂樓外午門前東路木坊正、背兩面題額。木質，橫式，規格爲 223 厘米 ×65 厘米。正書。風格與西路木坊所題“大義參天”同。字徑 44 厘米。無款識。

據廟内碑記， 以上二坊之建當在清乾隆二十三年（1758），與現存實物風格吻合。

大義參天木坊

大義叅天

【説明】

此爲樂樓外午門前西路木坊正、背兩面題額。木質，横式，規格爲 223 厘米 ×65 厘米。正書。筆法洗練，字勢端莊。字徑 44 厘米。無款識。

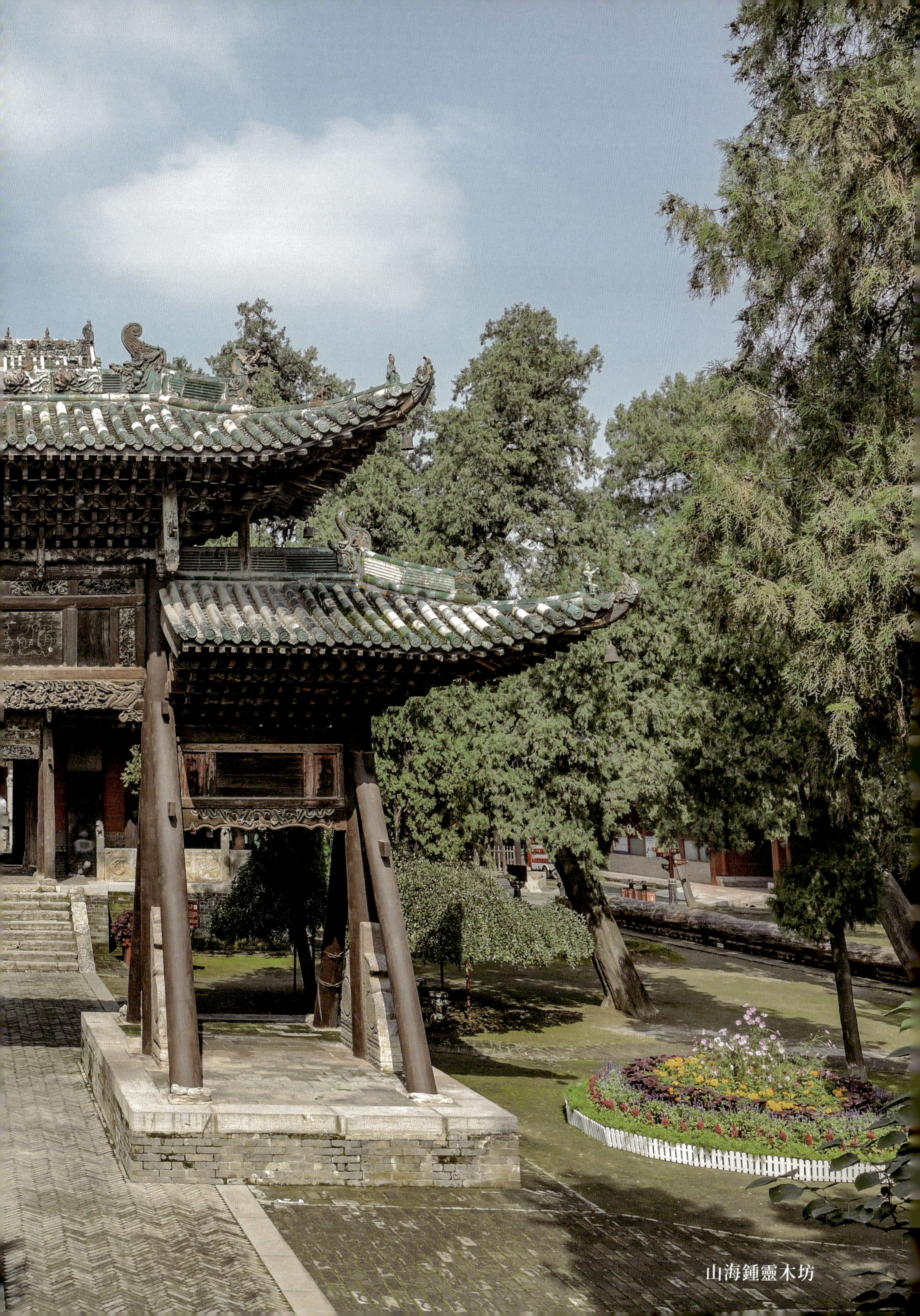

山海鍾靈木坊

山海鍾靈

【説明】

此爲御書樓前中軸綫上木坊正面題額。木質，横式，規格爲 225 厘米 ×70 厘米。正書。綫條厚重，書體沉穩。字徑 48 厘米。仔細觀察，字下隱約有“如在其上”四字，今額當爲後刻。

【注釋】

山海：確指關公故里的中條山和鹽池。鹽池，古代文獻稱“鹺海”。

鍾靈：靈氣匯聚。鍾，匯聚；集中。

如在其上

【説明】

此爲御書樓前中軸綫上木坊背面題額。木質，横式，規格爲 225 厘米 ×70 厘米。正書。肥而不失其力，疏而又見樸茂。字徑 54 厘米。

【注釋】

如在其上：《中庸》："子曰：'鬼神之爲德，其盛矣乎！視之而弗見，聽之而弗聞，體物而不可遺。使天下之人，齊明盛服，以承祭祀。洋洋乎！如在其上，如在其左右。'"意思是：孔子説："鬼神的德行可真是大得很啊！看它也看不見，聽它也聽不到，但它却體現在萬物之中使人無法離開它。天下的人都齋戒净心，穿着莊重整齊的服裝去祭祀它，無所不在啊！好像就在你的頭上，好像就在你左右。"

御書樓

御書樓

【説明】

此牌懸御書樓正面二層檐下。木質，斗形，竪式，規格爲 184 厘米 ×93 厘米。紅地金字。榜書，字徑 45 厘米。是清乾隆更名時原物。書體敦厚沉穩，氣勢莊重雄渾。

御書樓，原名八卦樓，清康熙四十二年 (1703) 建。清乾隆二十七年 (1762)，知州言如泗爲紀念康熙來廟謁拜時在此御題“義炳乾坤”匾額，改稱御書樓。樓的外形整潔勁建，秀麗壯觀。樓高 17.04 米，二層三檐歇山式屋頂。後部凸出有抱厦三間，卷棚式。這種前抱後厦的風格在清建築中實屬特例。後抱厦面對崇寧殿，台基邊沿處鑿有石槽，木柱上留有孔洞，遇有佳期廟會，用木板鋪墊，可作爲酬神演戲的樂樓。

御書

萬代瞻仰

【説明】

此匾懸於御書樓南檐下。木質，横式，規格爲 220 厘米 ×100 厘米 ×3 厘米。黑地金字。正書，字徑 42 厘米。字體剛健勁秀，似有柳體風韵。上款題：“光緒貳年（1876）榴月中浣吉日敬獻。”下款署：“仁和弟子龔浩謹書。”

龔浩，生平不詳。

【注釋】

榴月：農曆五月别稱。“五月榴花照眼明”，故稱。據晋人張華、陸機等人説法，石榴爲西漢張騫出使西域后引進。

中浣：原指古時官吏每月中旬的休沐日，後泛指每月中旬。亦作“中澣”“中盥”。

國魂

【説明】

此匾懸於御書樓南金柱門楣，木質，横式，規格爲 340 厘米 ×160 厘米。匾周雕飾雲龍圖案。緑地金字。行書。上款題“乙亥（1995）金秋”，鈐“長慶”印一枚；下款署“蘇士澍書”，鈐“天池蘇氏”和“士澍印”各一枚。

蘇士澍，一九四九年三月生，滿族，無黨派人士。第七届中國書法家協會主席，全國政協書畫室副主任，中國書法家協會名譽主席，中央文史研究館館員，文物出版社名譽社長，清華大學美術學院書法所名譽所長、博士生導師、教授。

聖神武文

【説明】

此匾懸於御書樓北金柱楣上内側。木質，横式，規格爲380厘米 ×190厘米 ×7厘米。匾周鏤雕極其富麗繁縟：雲氣蒸騰，祥龍遨游，金蝠起舞。黑地金字。行書，字徑90厘米。綫條剛勁，字如劍戟，虚實相兼，奔放自如。惜無書者姓名。上款題：“道光十九年（1839）歲次己亥四月上浣敬獻。”下款署：“介邑綢鋪聚錦良　昌裕和　成章協謹叩。”

【注釋】

聖神武文：即聖明、神威、英武、文雅之意。本爲謚號。宋高宗趙構（1107—1187）於淳熙十四年十月死于德壽殿，十六年三月，葬於會稽攢宫（今紹興縣寶山）之永思陵，謚"聖神武文憲孝皇帝"。紹熙二年（1192），增謚爲"受命中興全功至德聖神武文昭仁憲孝皇帝"。這裏用以稱頌關公。

御書樓（北）

絶倫逸群

【説明】

此匾懸於御書樓北金柱門楣外側。木質，横式，規格爲 300 厘米 ×125 厘米 ×6 厘米。無邊飾。紅地黑字。行草，字徑 80 厘米。運筆靈活委婉，字體圓轉得法。以行草書題大牌匾者少見。上款題："諸葛武侯語。"下款署："言子七十五世孫如泗謹書。"值得一提的是，承托此匾者爲一雙寬鼻、大嘴、扇耳的怪面人頭，犄角直豎，怒目圓睁，獠牙尖利，形象猙獰。

言如泗，簡介詳"結義亭"。

【注釋】

諸葛武侯：即諸葛亮（181—234）。字孔明，號卧龍，瑯琊陽都（今山東省臨沂）人。後主劉禪追謚爲忠武侯，後世以諸葛武侯尊稱。

絶倫逸群：《三國志 · 關羽傳》："羽聞馬超來降，舊非故人，羽書於諸葛亮，問超人才可誰比類。亮知羽護前，乃答之曰：'孟起兼資文武，雄烈過人，一世之杰，黥、彭之徒，當與益德并驅争先，猶未及髯之絶倫逸群也。'"絶倫，無與倫比。逸群，超群。

無二心

【説明】

此匾懸於御書樓後部卷棚下。木質，横式，規格爲 252 厘米 ×97 厘米 ×5 厘米。四周雕刻有行龍、海水圖案。黑地金字。正書，字徑 50 厘米。上款題：“乾隆七年（1742）歲次壬戌孟冬月穀旦。”下款署：“欽命巡視河東鹽政内務府坐辦堂郎中加一級記録十一次吉慶敬題。”鈐印三方：引首印一枚，名章兩枚。

【注釋】

無二心：没有異心。《尚書 · 康王之誥》：“不二心之臣。”《舊唐書 · 魏徵傳》：“臣聞爲國之基，必資於德禮；君子所保，惟在於誠信。誠信立則下無二心，德禮形則遠人斯格。然則德禮誠信，國之大綱，在於父子君臣，不可斯須而廢也。故孔子曰：‘君使臣以禮，臣事君以忠。’”這裏用以贊揚關公的忠誠與信義。

坐辦堂郎中：官名，又稱堂郎中。清内務府堂主官，雍正十三年（1735）置，掌府内文官銓選，并查核所屬各司處承辦事務。

忠義叅天

【説明】

此匾懸於御書樓卷棚下。木質，横式，規格爲195厘米×98厘米×4厘米。邊框雕刻行龍等。黑地金字。隸書，字徑28厘米。無書者姓名。上款題：“丙子（清光緒二年，1876）仲春之月望日獻。”下款署：“河北省鉅鹿縣弟子馬繼崑頓首拜。”

【注釋】

仲春：春季的第二個月，即農曆二月。因處春季之中，故稱。唐代徐堅《初學記》卷三引南朝梁元帝《纂要》：“二月仲春，亦曰仲陽。”

望日：指月亮圓的那一天，通常指農曆每月之十五日。

協天大帝

【説明】

此匾懸於御書樓北檐柱上方。木質，横式，規格爲 320 厘米 ×145 厘米 ×6 厘米。匾周雕飾纏枝牡丹圖案。黑地金字。正書，字徑 80 厘米。筆力渾厚，雄强大氣。上款題：“雍正七年（1729）歲次己酉仲秋穀旦。”下款署：“巡察山西户科掌印梁田火□盥手敬書。”

【注釋】

協天大帝：明神宗萬曆十年（1582），封關羽爲“協天大帝”。協，和。

户科掌印：官名，明清户科之屬官。明洪武六年（1373）設，二人，推年長者掌印。負責稽核財賦，註銷户部文卷之事。明爲正七品，後爲正九品。康熙初爲從七品，雍正七年升爲正五品。

盥手：洗手。盥，音 guàn。

崇寧殿

崇寧殿

【說明】

此牌懸於崇寧殿二層檐下。木質，斗形，竪式，規格爲186厘米×86厘米。匾邊内側分别彩繪二龍戲珠和蝙蝠。紅地金字。榜書，字徑50厘米。書體圓潤豐滿，雍容大度。

崇寧殿，爲廟内奉祀關帝的主殿，因宋徽宗所封“崇寧真君”而得名。創建年代不詳，現存爲清康熙時重建遺構。闊台崇基，面闊七間，進深六間，重檐歇山琉璃頂。四周回廊，有二十六根石雕蟠龍柱環繞其間。依風格判斷應爲明代之物，亦或爲清康熙四十一年（1702）火毁後原物再用。柱頭、額枋雕刻甚爲華麗，有飛龍、祥鳳、麒麟、奔馬、猛虎、孔雀、牡丹、樹木、天神、勇將、麗雲等，結合有機，排列巧妙，組成一幅生動活潑、絢麗多姿的藝術畫卷。大殿檐下斗拱密集，象鼻狀雙下昂翻卷自然，龍嘴含珠狀耍頭威風肅穆，彎拱層層叠架如花朵盛開，屋檐翼角起翹似鳥欲飛，屋頂琉璃豔麗奪目，熠熠閃光。殿内裝飾金碧輝煌。左右兩根高達九米的雕龍柱直通天花板，兩條鏤雕蟠龍頭上尾下環柱纏繞，朵朵祥雲鑲伴其間，氣勢恢宏，光彩照人。殿内設神龕，華麗精美，蔚爲壯觀。龕内奉頭戴冕旒冠、雙手持笏、身披緑袍、正襟危坐之關帝彩塑。

崇寧殿

神勇

【説明】

此匾懸於崇寧殿殿前明間南檐下。木質，横式，規格爲 316 厘米 ×150 厘米 ×8 厘米。匾周行龍環繞，描紅貼金，雕畫極工，堂皇富麗。藍地金字。匾心二字爲正書，字徑 78 厘米。字體豐腴肥碩，既有承平之象，又有雄武之風。匾中上沿當心有篆書“欽定”二字。字周四龍環繞，金邊爲框，朱紅鋪底。

據專家考證，此匾當爲清帝弘曆乾隆三十三年（1768）敕賜關公謚號“神勇”時親筆書就。

據乾隆三十三年《清實錄 · 高宗純皇帝實錄》（卷之八百六）記載："乾隆三十三年戊子三月己丑朔。諭: 朕惟關帝歷代尊崇, 逮經國朝, 尤昭靈貺。前於順治九年(1652), 敕封忠義神武關聖大帝。至康熙、雍正年間, 復爵晋所生, 澤延世裔, 典禮備極優隆。朕式展明禋, 以神原謚壯繆, 未孚定論, 爰飭禮官, 易謚神勇。是皆考行定名, 俾彰義烈。若夫靈威默相, 屢荷嘉庥, 宜備懿稱, 益昭美報, 可加封忠義神武靈佑關聖大帝。其官建祠宇, 秩在祀典者, 并依新號, 敬謹設立神牌, 以申崇奉。"

萬世人極

【説明】

此匾懸於崇寧殿前明間南廊下。木質，横式，規格爲403厘米×195厘米×16厘米。匾周裝飾精麗。金地藍字。正書，字徑81厘米。綫條厚重，結體嚴謹，頗具皇家氣象。匾中上沿當心鈐有“咸豐御筆之寶”篆文朱印一方。是知爲清咸豐帝奕詝御書。

咸豐，道光十一年（1831）生於北京圓明園，咸豐十一年（1861）病故，在位十一年。他對關公崇奉至極，先後三次加封。不僅如此，他還追封了關公三代。“萬世人極”正是他對關公的極高贊譽。咸豐的書法受趙孟頫影響頗深，骨肉豐滿，端莊剛勁。

據咸豐七年（1857）《清實錄 · 文宗顯皇帝實錄》（卷之二百三十一）記載：“壬辰。諭内閣：關聖帝君福佑我朝，威靈顯著，前已升入中祀，備極褒崇。兹朕親書萬世

人極匾額，著造辦處成造一分，恭懸京師地安門外關帝廟。所有各直省府州縣關帝廟，著御書處摹勒頒發，一體懸挂。其墨筆著俟摹勒完時，由軍機處發交山西巡撫，委員賫送解州關帝廟收藏，以昭誠敬。”

【注釋】

人極：爲人的準則。隋·王通《中説·述史》：“仰以觀天文，俯以察地理，中以建人極。”儒家所講“立人極”，旨在强調人應當不斷地、無止境地追求真理，成爲聖人仁人。唐·白居易《立製度策》：“夫製度者，先王所以下均地財、中立人極、上法天道者也。”

義炳乾坤

【説明】

此匾懸於崇寧殿内前槽上隅二金柱之間。銅質，横式，規格爲380厘米×130厘米×10厘米。匾周雕龍凸起，蜿蜒曲折作戲珠狀。藍地金字。正書，字徑60厘米。筆法平穩，書體規整。匾中上沿當心鈐有“康熙御筆之寶”印文一方。

按，此匾當爲清聖祖康熙三十七年（1698）御製。

據乾隆《解州全志》卷十二《關居斌請建關廟疏》：“……康熙三十七年五月十二日，恭

遇皇上御書‘義炳乾坤’匾額，特遣大臣躬賫致奠。自此香火益盛，靈應如響。”

康熙，名玄燁，是順治的第三子，生於順治十一年（1654），是中國歷史上在位時間最長的皇帝（六十一年）。他從小接受漢文化教育，在位期間重視文化建設，組織編纂了《古今圖書集成》《全唐詩》《佩文韵府》《康熙字典》等大型圖書。其書法學董其昌，視董書爲圭臬，柔美中含有博雅的氣度，但却失去了董書的神韵。

協天大帝　伏魔大帝

【説明】

此二牌分别置於崇寧殿内神龕前臺面左右隅。木質，竪式，規格爲 64 厘米 ×14 厘米。紅地金字。正書，字徑 13 厘米。

傳爲清乾隆時當地書家模仿弘曆筆意而就，歷任住持藏傳至今。

【注釋】

伏魔大帝：爲明神宗朱翊鈞 (1573—1620) 于萬曆四十二年（1614）加封關公的封號，全稱“三界伏魔大帝神威遠鎮天尊關聖帝君”。

司人間福禄　掌天下財源

【説明】

此二牌分别置於崇寧殿内神龕前臺面左右隅。木質，竪式，規格爲 78 厘米 ×14 厘米。行楷書，字徑 15 厘米。

帝德廣運

【説明】

此匾懸於崇寧殿内東次間。木質，横式，規格爲 348 厘米 ×168 厘米 ×5 厘米。黑地金字。正書，字徑 50 厘米。筆力勁健，頗有柳體風骨。上款題云：“大清光緒十七年（1891）歲次辛卯如月上浣。”下有跋文，曰：“同治癸酉歲（十二年，1873）春，德策名入覲，因歸還指省，猶豫未決，恭赴正陽門叩祈聖帝，默示前程，得上吉籤‘有吉無不利’等語，遂決志仕秦，需次一十六載，歴任衝繁，幸無隕越，悉與籤語默合。感聖訓之有靈，荷神恩於無既，恭書匾額，聊表微誠。德薰沐敬跋。”落款：“鈐加運同銜誥授朝邑大夫陝西補用同知歴署寧羌　孝義　渭南　葭州篆務李修德百叩。”

【注釋】

廣運：廣大深遠。《尚書 · 大禹謨》：“帝德廣運，乃聖乃神，乃武乃文。”

寸心千古

【説明】

此匾懸於崇寧殿内東次間。木質，横式，規格爲210厘米×115厘米×3厘米。正書，字徑45厘米。楷書，肥碩乏力，似在勾勒時變形。上款題：“大清光緒二十七年（1901）歲次辛丑桂月穀旦。”下款署：“解州學正蒲阪展成章謹叩。”

【注釋】

寸心：猶言區區之心。心位於胸中方寸之地，故稱寸心。唐·杜甫《杜工部草堂詩箋·偶題》：“文章千古事，得失寸心知。”

桂月：指農曆八月。其月桂花盛開，故稱。

學正：中國古代文官官職名，地方學校學官，掌執行學規、考校訓導、協助博士教學。

義薄雲天

【説明】

此匾懸於崇寧殿内東次間。木質，横式，規格爲 131 厘米 ×62 厘米 ×3 厘米。紅地緑字。行書，字徑 28 厘米。上款題：“解州關帝廟永葆。”下款署：“姚奠中書　臺灣石紫瑾獻　庚午（1990）秋。”

姚奠中（1913—2013），原名豫太，以字行，别署丁中，樗廬。山西省稷山人。早年從國學大師章太炎研究國學，是章太炎的研究生、關門弟子。著名學者，古典文學家，詩人，教育家，書法家。不求聞達，人品獨倫。才學書藝，當今難有抗衡者。曾當選全國政協六、七屆委員，山西省政協五、六屆副主席；中國書法家協會二屆理事，山西省書法家協會副主席、學術顧問、名譽主席。

忠義參天

【説明】

此匾懸於崇寧殿内。木質，横式，規格爲 218 厘米 ×67 厘米 ×3 厘米。紅地金字。行書，字徑 36 厘米。上款題：“山西運城解州關帝廟惠存。”下款署：“臺灣桃園聖義堂堂主蔡承亞　主任委員林建宏暨義子義女委員會一同敬獻　歲次癸酉年（1993）桐月吉置。”

【注釋】

桐月：指農曆三月。此月，桐花應時而開，是春、夏遞嬗之際的重要物候，體現了這一季節的時序、景物特征。

正義參天

【説明】

此匾懸於崇寧殿内。木質，横式，規格爲 155 厘米 ×65 厘米 ×3 厘米。黑地金字。行書，字徑 25 厘米。上、下款題：“山西运城解州關帝廟惠存　台湾省土城乡天靈宫主持陳巫率衆弟子敬贈　一九九三年三月。”

天地正氣

【說明】

此匾懸於崇寧殿内。木質，横式，規格爲 127 厘米 ×50 厘米。黑地金字。行書，字徑 18 厘米。上、下款題：“山西運城解州關帝圣君千秋　甘肅天水弟子何嘉叩　貳零零貳年柒月。”

剛健中正

【説明】

此匾懸於崇寧殿明間南廊下。木質，横式，規格爲248厘米×114厘米×5厘米。無邊飾。黑地金字。正書，字徑68厘米。字如其匾，剛健中正。匾心中下部題：“太谷匯泉阜吕致精謹叩。”

【注釋】

剛健中正：意爲强勁正直。《周易 · 文言》有：“大哉乾乎，剛健中正，純粹精也。”意思是説，偉大啊乾陽，剛勁强健，居中得正，可謂至純粹至精美。這裏所説的剛健中正，是萬事亨通的無形大道。這種以和爲貴的中道思想是儒家基於其天人合一的宇宙觀得出的最高理念，并進而發揮出德治、仁義、禮樂的經世致用哲學。作爲一種積極入世的思想學説，儒家文化不可避免地帶有一定的歷史局限性。然而去蕪存精，却使它光照萬代，歷久彌新。應該説，正是這種均衡大用的哲學内涵，才使得儒家學説成爲中華文明的主流文化，流芳百世，澤被海外。

浩氣磅礴

【説明】

此匾懸於崇寧殿明間南廊下。木質，横式，規格爲 152 厘米 ×80 厘米 ×2.5 厘米。黑地金字。魏楷，頗具清代大書家張裕釗之書韵。字徑 26 厘米。上款題：“中華民國三十三年（1944）元旦日獻。”中下部署：“解縣寧家莊陳憲度　虞鄉縣屯里村申俊耀　申俊秀　石衛村王舉明　榮河縣興王莊王滿鴻。”下款爲：“信士沐浴謹叩。”

附：張裕釗，字廉卿，湖北武昌人，道光二十六年（1846）舉人，官内閣中書，歷任武昌文庭書院、南京鳳池書院、襄陽鹿門書院主講。其書專學魏碑，化北碑爲己用，運筆時，横竪點畫挺拔，轉折處外方内圓，長方結體，墨迹飽濃，内斂精氣，外顯墨彩。被康有爲譽爲清代四大書家之一。

【注釋】

浩氣：浩然之氣，即正大剛直之氣。磅礴：盛大，充滿。

萬古精忠

【説明】

此匾懸於崇寧殿明間南廊下。木質，横式，規格爲 160 厘米 ×80 厘米 ×4.5 厘米。四周有簡單裝飾。金地藍字。正書，字徑 33 厘米。上款題："光緒丁酉年（1897）巧月（七月）穀旦獻。"下款署："芮邑馮村弟子陳文藻　陳文華敬叩。"

【注釋】

精忠：《宋史 · 岳飛傳》載，南宋紹興三年（1133）高宗曾親書"精忠岳飛"四字，製旗賜與岳飛。

神靈默佑

【説明】

此匾懸於崇寧殿明間南廊下。木質，横式，規格爲 165 厘米 ×81 厘米 ×1.3 厘米。黑地金字。正書，行筆沉穩，法度謹嚴。字徑 35 厘米。上款題："黄帝紀元四千六百九年歲次辛亥（1911）冬月下浣敬獻。"下款署："秦隴復漢軍派赴東路山西招討使軍政部副長陳樹發薰沐題。"

秦隴復漢軍政府，是 1911 年 10 月 27 日陝西新軍起義後所成立。以張鳳翽 爲大統領，萬炳南、錢鼎爲副大統領。不久，山西革命黨人電請張鳳翽派兵援晋，張鳳翽任命陳樹藩爲河東節度使，指揮陳樹發、嚴飛龍、王飛虎渡過黄河，占領了山西運城。陳樹藩正盤算著如何擴大勢力，突然接到張鳳翽緊急命令，回師陝州增援與清軍作戰的張鈁部。陳樹藩派陳樹發等率部增援，自己坐鎮運城。陳樹發也盯著運城這塊肥肉，按兵不動。結果，誤了戰機，使張鈁戰敗，丢失了靈寶、閿鄉、潼關。此匾即當時背景下所書、所制。

忠義參天

【説明】

此匾懸於崇寧殿東次間南廊下。木質，横式，規格爲276厘米×130厘米×6厘米。匾周有飾。紅地金字。行楷，字徑48厘米。上、下款爲："大清同治四年（1865）歲次乙丑四月吉旦獻　雙成合　和順正　新盛福　廣盛和　新成德　和順公　德萬正　王生智　雒邑石門鎮合會人叩。"

靈應如響

【説明】

此匾懸於崇寧殿東次間南廊下。木質，横式，規格爲195厘米×100厘米×3厘米。黑地金字。正書，字徑37厘米。上款題："中華民國歲次丁亥（1947）九秋穀旦立。"下款署："河南省鄢陵縣孫海榮　河北省鉅鹿縣李慶考　仝虔誠沐浴敬叩。"

【注釋】

靈應如響：意謂十分靈驗，有求必應。

九秋：泛指秋天，或專指深秋。

響：應聲、回響。《易經 · 繫辭上》："其受命也如響。"

忠義兩全

【說明】

此匾懸於崇寧殿東次間南廊下。木質，横式，規格爲195厘米×87厘米×6厘米。邊框雕飾描金雲龍圖案。黑地金字。正書，字徑39厘米。上款題："山西省關聖夫子千秋。"下款署："聞石獅市外高村弟子高永快敬。"

福庇無疆

【説明】

此匾懸於崇寧殿東梢間南廊下。木質，横式，規格爲226厘米×110厘米×7厘米。周邊雕飾精麗。藍地金字。行書，字徑45厘米。上、下款題："綢緞行人等叩　天德成　永興公　長發祥　增盛　天成元　泰□公　新盛恭　義元珍　隆泰和　同升盛　天義合　順盛永　永盛　合興和　興順合　道光十八年（1838）七月十五吉旦。"

【注釋】

福庇：賜福保佑。

無疆：無限；没有窮盡。《詩經·豳風·七月》："萬壽無疆。"

神恩永護

【説明】

此匾懸於崇寧殿東梢間南廊下。木質，横式，規格爲 192 厘米 ×98 厘米 ×5 厘米。匾之四角各飾一描金蝙蝠。藍地金字。行楷，厚重靈動，鋒芒内斂。字徑 47 厘米。上款題："同治歲次己巳（1869）九月吉日穀旦獻。"下款署："古絳西關同心成號虔叩。"

與天地参

【説明】

此匾懸於崇寧殿東梢間南廊下。木質，横式，規格爲222厘米×116厘米×3厘米。黑地金字。行楷，字徑38厘米。上、下款題：“中華民國八年（1919）孟春月吉日立 前永和縣知事高星斗偕男崇義敬叩。”

據悉，在臺灣省彰化市孔廟裏，也保存有一塊同樣内容（係乾隆御書）的牌匾。

【注釋】

與天地参：出自《易經 · 説卦傳》中的“参天兩地而倚數”。後引伸爲配天與地而爲参，例如《中庸》所載：“唯天下至誠，爲能盡其性；能盡其性，則能盡人之性；能盡人之性，則能盡物之性；能盡物之性，則可以贊天地之化育；可以贊天地之化育，則可以與天地参矣。”與天地参，就是説與天地并列爲三，説明人的思想、品德、智慧的無比高尚。這裏是形容關公聖德之偉大，足以配天與地。

忠師義勇

【説明】

此匾懸於崇寧殿西次間南廊下。木質，横式，規格爲277厘米×133厘米×5厘米。黑地金字。行楷，字徑55厘米。上款題："同治八年（1869）歲次己巳暑月縠旦獻。"下款署："管帶慶字右營湖南長沙府寧鄉縣藍翎都司劉漢春薰沐謹。"

【注釋】

忠師：忠心赤誠之榜樣。師：榜樣。

義勇：見義勇爲之人。

管帶：清代軍事官名稱，巡防營與陸軍警察隊統轄一營的長官亦稱管帶，海軍的艦長也用此稱。

藍翎都司：秩四品，職位次於游擊，分領營兵。藍翎：頂戴爲藍色翎羽。

靈著保赤

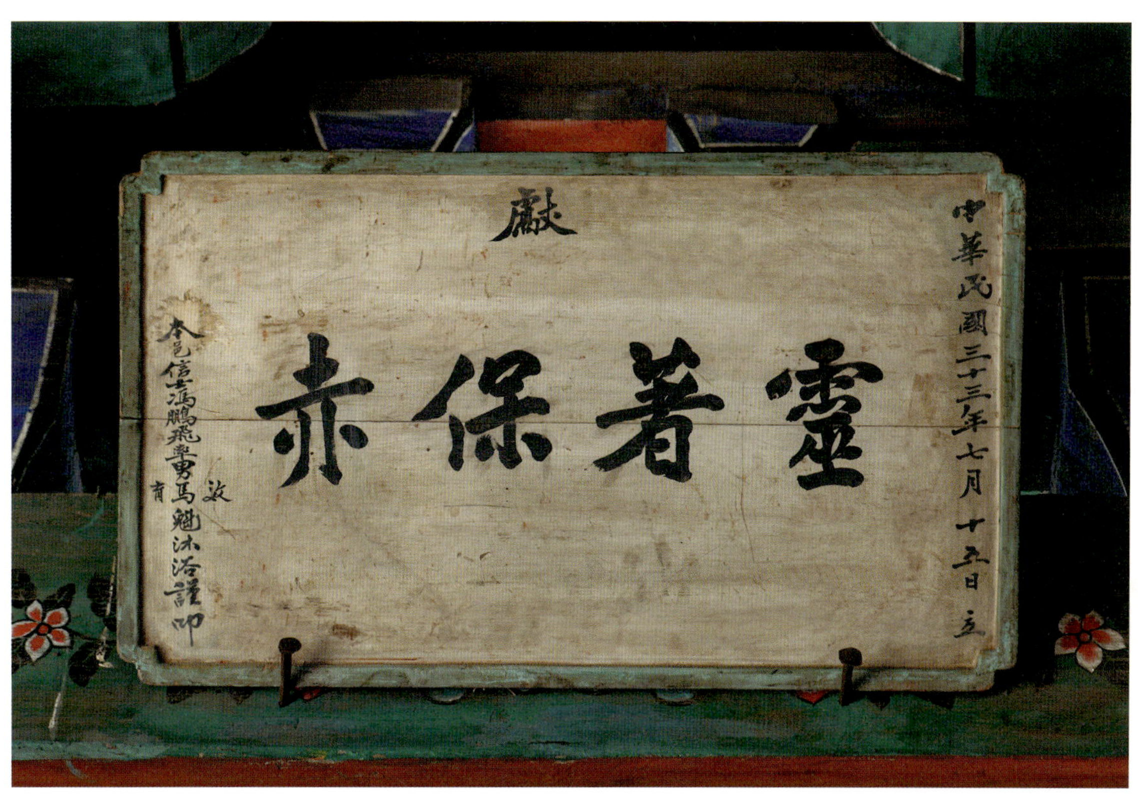

【説明】

此匾懸於崇寧殿東梢間南廊下。木質，横式，規格爲 73 厘米 ×42 厘米 ×2 厘米。白地黑字緑邊。行楷，字徑 12 厘米。上款題："中華民國三十三年（1944）七月十五日立獻。"下款署："本邑信士馮鵬飛率男　效魁　馬魁　育魁沐浴謹叩。"

【注釋】

靈：威靈，神靈。著：顯赫。保赤：保佑幼童或百姓。赤，即赤子，本意爲嬰兒。《尚書 · 康誥》"若保赤子"疏："子生赤色，故言赤子。"引申爲子民百姓。

英靈萬古

【説明】

此匾懸於崇寧殿西次間南廊下。木質，橫式，規格爲188厘米×97厘米×4厘米。黑地金字。正書，字徑38厘米。上款題："中華民國十六年（1927）歲次丁卯四月穀旦獻。"下款署："弟子鹿天垣率孫光第敬叩。"

【注釋】

英靈：神靈，英魂。對逝者的美稱。

萬古：猶萬代、萬世。

乾坤正氣

【説明】

此匾懸於崇寧殿西次間南廊下。木質，橫式，規格爲217厘米×116厘米×5厘米。藍地金字。正書，字徑40厘米。上款題："特授山西平垣營遊擊寶齡薰沐敬獻。"下款署："同治十年（1871）桃月上浣穀旦。"

【注釋】

特授：超越常規授予某個官職。

薰沐：熏香和沐浴。表示虔敬。

桃月：指農曆三月。時值三月，桃花怒放，綺麗芬芳，故稱。

福國佑民

【説明】

匾懸於崇寧殿西梢間南廊下。木質，横式，規格爲 270 厘米 ×140 厘米 ×15 厘米。匾周鏤雕行龍、花草，繁茂富麗。藍地金字。行書，字徑 50 厘米。上款題：“聞邑信士任作柱及男觀海叩獻。”下款署：“大清光緒三年（1877）清和月吉旦立。”

【注釋】

清和月：農曆四月的别稱。四月又稱余月、梅月、初夏、孟夏、正陽、朱明等。古代情和之意有二：一爲清静平和，多形容國家升平景象或人的性情；二指天氣清明暖和。曹丕《槐賦》有"天清和而温潤，氣恬淡以安治"之句。

錫福無疆

【説明】

此匾懸於崇寧殿西梢間南廊下。木質，橫式，規格爲197厘米×104厘米×5厘米。黑地金字。行楷。布白匀稱，綫條凝重，體態圓潤，整體和諧。字徑39厘米。上款題：“大清同治玖年（1870）歲次庚午捌月中秋穀旦獻。”下款署：“郡後學庠貢生景堯型謹叩。”

【注釋】

錫福：即賜福之意。錫，賜給。《宋史 · 樂志》：“育我嘉生，神惠是仰。載致斯幣，庶幾用享。鼓之舞之，式緊爾神。錫福無疆，佑此下民。”

萬古威霛（靈）

【説明】

此匾懸於崇寧殿西梢間南廊下。木質，横式，規格爲215厘米×107厘米×3.5厘米。原爲金地藍字。行楷，字徑38厘米。上款題："花翎同知銜署理霛石縣知縣汪敦元敬叩。"下款署："光緒三十年（1904）甲辰孟春穀旦。"

汪敦元，生平事迹不詳。今山西名勝晋祠内保存有他撰寫的一幅對聯："勝迹拓蓬萊，憑欄向遠，只贏得幾點落花數聲啼鳥；名山開圖畫，把酒凌虚，莫辜負四圍香稻萬頃沙鷗。"

【注釋】

威靈：威力，神靈。

花翎：清官員、貴族冠飾。清製，武職五品以上，文職巡撫兼提督銜等大臣，軍功賞戴者外，離職即摘除。翎分一眼、二眼、三眼，三眼最爲尊貴。所謂"眼"，就是孔雀翎上的眼狀的圓圈，一個圓圈即一眼。

德配尼山

【説明】

此匾懸於崇寧殿西梢間南廊下。木質，横式，規格爲 96 厘米 ×50 厘米 ×3 厘米。整方牌匾爲雲朵狀，玲瓏小巧，風韵飄逸。可謂設計新穎，造型别致。藍地金字。正書，字徑 17 厘米。上款題：“壬戌（1862）孟夏敬獻。”下款署：“陝西候補縣丞芮邑郭守倫。”

【注釋】

尼山：山名，又名尼丘山。在山東曲阜東南三十公里處，爲孔子誕生地。 相傳叔梁紇與顔氏女于尼山野合而生孔子（見《史記 · 孔子世家》），所以其父爲其取名爲孔丘。因孔子家中兄弟二人，他排行第二，故字仲尼。因創立儒家學説，他被後人尊稱爲“孔子”“孔聖人”。爲避諱，尼山也因以爲孔子之别稱。

此匾意即關公與孔子均德昭天下。

忠義

【説明】

此匾懸於崇寧殿西梢間南廊下。木質，横式，規格爲 77 厘米 ×51 厘米 ×3 厘米。金地藍字。隸書，字徑 15 厘米。上款題：“中華民國十八年（1919）桂月穀旦獻。”下款署：“山西汾陽縣衛錫袞敬叩。”

功高宇宙

【説明】

此匾懸於崇寧殿東廊下。木質，横式，規格爲 195 厘米 ×99 厘米 ×3 厘米。黑地金字。正書，字徑 40 厘米。上款題：“中華民國十九年（1930）二月穀旦獻。”下款署：“陝西臨邑弟子李鴻林沐手敬叩。”

神恩永護

【説明】

此匾懸於崇寧殿東廊下。木質，横式，規格爲 97 厘米 ×59 厘米 ×3.5 厘米。黑地金字金邊。正書，字徑 20 厘米。上款題："民國十七年（1928）菊月中浣穀旦獻。"下款署："解縣崇義合　猗氏縣杜和平沐浴敬叩。"

靈護梓輪

【説明】

此匾懸於崇寧殿東廊下。木質，橫式，規格爲 225 厘米 ×112 厘米 ×3 厘米。紅地黑字。隸書，字徑 40 厘米。上款題：“中華民國貳拾捌年（1939）夏曆九月十三日立獻。”下款署：“工頭北賈邨弟子喬世英願心敬叩。”

【注釋】

梓輪：泛指木工。古代攻木之工有七種，《周禮 · 考工記》詳載謂：“攻木之工，輪、輿、弓、廬、匠、車、梓。”輪人，周官名，掌製造車輪及有關部件。《墨子 · 天志上》：“譬如輪人之有規，匠人之有矩。”輿人，造車的人；弓人，造弓的人；廬人，攻木之工官，造戈戟等兵器之柄者；匠人，木工、技工，主營宫室城郭溝洫，或説主載柩窆；車人，造車及農具的木工；梓人，木工。由此可知，敬獻此匾者爲木工。

絶倫逸羣

【説明】

此匾懸於崇寧殿東廊下。木質，横式，規格爲 127 厘米 ×59 厘米 ×3 厘米。金地黑字。正書，字徑 25 厘米。上款題：“同治甲戌年（1874）小陽月吉日獻。”下款署：“朝邑閻迺林謹叩。”

【注釋】

小陽月：指農曆十月。明代著名隨筆劄記《五雜俎》：“四月多寒，而十月多暖，有桃李生華者，俗謂之小陽春。”又，《爾雅》：“十月爲陽。”所以，把十月稱爲“小陽月”。

福無疆

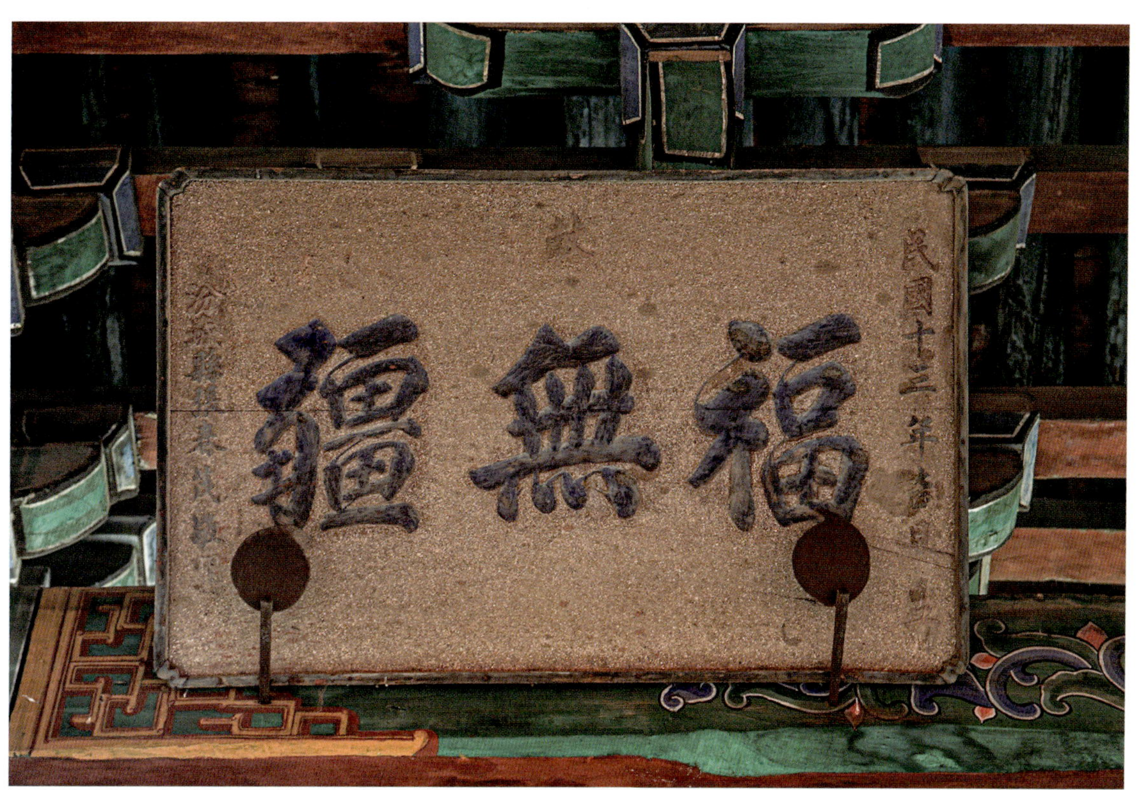

【説明】

此匾懸於崇寧殿東廊下。木質，横式，規格爲93厘米×58厘米×3.5厘米。金地藍字。正書，字徑25厘米。上、下款題："民國十三年（1924）吉日立獻　汾城縣張春茂敬叩。"

牌匾内容在古詩文中時見，如："來假來饗，降福無疆。"（《詩經·商頌·烈祖》）"多福無疆。"（劉勰《文心雕龍》）"祉福無疆，於民敷揚。"（《金史·樂志》）

澤被萬民

【説明】

此匾懸於崇寧殿東廊下。木質，横式，規格爲 69 厘米 ×44 厘米 ×2.5 厘米。黑地紅字。行楷，字徑 15 厘米。上、下款題："民國三十五年（1946）古四月初八日立　廉英□　廉長慶　王寶□　謝玉蓮　善男信女　猗氏縣西里村古佛□祈（以下剥蝕）。"

五禱五應

【説明】

此匾懸於崇寧殿東廊下。木質，横式，規格爲 97 厘米 ×56 厘米 ×3.5 厘米。黑地紅字紅邊。行楷，字徑 20 厘米。上、下款題："中華民國三十二年（1943）六月二十二日獻　志誠公局　公興膏店　胡林立　姚林泉　張有志　李悌青　商務會　段登雲　張受天　張杰三　德　記　同生玉　恒興正　復興德　永義祥　德勝泰　久生福　三益公　順興德　魏可讀　高步雲　李枝榮　裴清亮　周清福　孔超存　張德元　仝敬祝　本郡弟子張貴生為祈雨即應沐浴謹叩。"

【注釋】

禱：祈神求福，求佑。應：應驗，靈驗。

危者使平

【説明】

此匾懸於崇寧殿西廊下。木質，橫式，規格爲 160 厘米 ×80 厘米 ×4 厘米。藍地金字。行楷，字徑 40 厘米。上款題："光緒二十四年（1898）九月穀旦立獻。"下款署："武安弟子韓茂林為病愈叩。"

【注釋】

危者使平：語出《易經 · 繫辭下》："《易》之興也，其當殷之末世，周之盛德邪？當文王與紂之事邪？是故其辭危，危者使平，易者使傾。" 意思是説，只有當人們處在非常危險和緊急的狀態下，處事才會謹慎小心，從而化險爲夷，轉危爲安。人通常在安逸幽靜的環境中，易於懈怠，所以往往導致覆滅，一敗塗地。

帝德廣被

【説明】

此匾懸於崇寧殿西廊下。木質，横式，規格爲 104 厘米 ×54 厘米 ×2.7 厘米。黑地金字。正書，字徑 20 厘米。上、下款題：“甲戌（1874）季春之吉獻　長安信士張秉衡敬立。”

【注釋】

廣被：廣泛受到。廣，擴大，廣泛地。被，及。今有“教澤廣被”等。

文武聖人

【說明】

此匾懸於崇寧殿西廊下。木質，横式，規格爲 114 厘米 ×58 厘米 ×3 厘米。黑地金字。正書，字徑 13 厘米。上、下款題："陝西華縣西南鄉高塘鎮同家村會長叩　同忠義　同克秀　同克寬　同忠正　同悦海　同向榮　同福禮　王克祥會長仝叩　中華民國十二年（1923）四月吉日立。"

【注釋】

文武聖人：中國古代有兩聖人，文聖孔子，武聖關羽。而唯關羽文武兼資，故稱。聖人，道德智能極高之人。《周易 · 乾 · 文言》："聖人作而萬物睹。"《荀子 · 性惡》："故聖人者，人之所積而致也。"

持危扶顛

【説明】

此匾懸於崇寧殿西廊下。木質，橫式，規格爲 95 厘米 ×58 厘米 ×2.5 厘米。黑地金字。正書，字徑 18 厘米。上款題：“中華民國三十年（1941）正月吉日立獻。”下款署：“永濟縣弟子樊月寬　胡景緒　廉百瀛叩。”

【注釋】

持危扶顛：扶持危困的局面。《論語 · 季氏》：“危而不持，顛而不扶。”《宋史 · 李光傳》：“光奏疏極論朋黨之害：‘議論之臣，各懷顧避，莫肯以持危扶顛爲己任。’”

神恩可報

【説明】

此匾懸於崇寧殿西廊下。木質，横式，規格爲 86 厘米 ×42 厘米 ×4 厘米。藍地金字。行楷。點劃沉實，結字縝密，收落自如。字徑 14 厘米。上、下款題："中華民國三十五年（1946）菊月十三吉日立獻　弟子山西定襄縣師家灣村梁子清叩。"

【注釋】

菊月：指農曆九月。此時正是菊花盛開時期，故稱。菊月又稱授衣月、青女月、小田月、霜月、暮秋、晚秋、素秋等。

指迷拯危

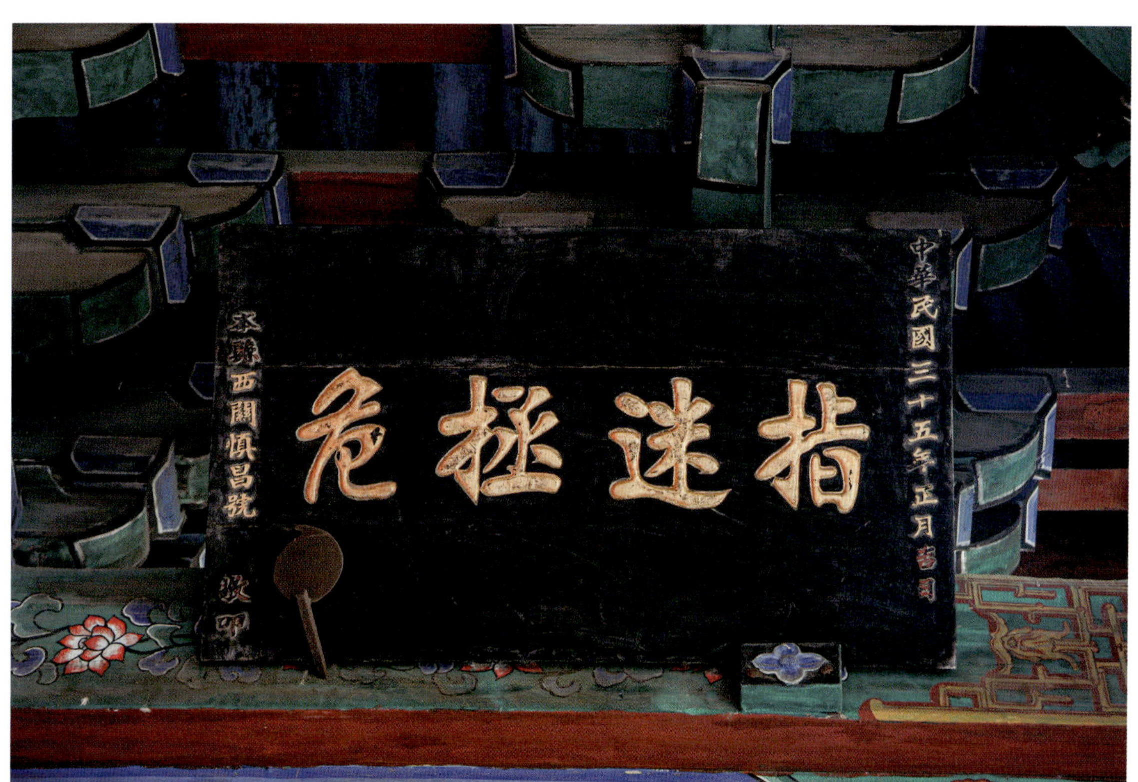

【説明】

此匾懸於崇寧殿北廊下。木質，横式，規格爲 100 厘米 ×58 厘米 ×2.5 厘米。黑地金字。行楷，字徑 18 厘米。上款題：“中華民國三十五年（1946）正月吉日。”下款署：“本縣西關慎昌號　敬叩。”

【注釋】

指迷拯危：指點迷津，拯救危難。

永護神恩

【説明】

此匾懸於崇寧殿北廊下。木質，横式，規格爲 71 厘米 ×48.5 厘米 ×1.8 厘米。黑地金字。正書，有柳體風韵。字徑 16 厘米。上、下款題：“中華民國十九年（1930）中秋吉旦獻　晉敬興吉　萬吴炳焜　敬叩”。

浩然正氣

【説明】

此匾懸於崇寧殿北廊下。木質，横式，規格爲 119 厘米 ×49 厘米 ×4 厘米。黑地紅字。篆書，字徑 22 厘米。上、下款題：“壬午（1942）夏五月吉日　高炳炎敬獻。”下鈐方形朱文名印一枚。

【注釋】

浩然正氣：正大剛直之氣。

神聖忠勇

【説明】

此牌懸於崇寧殿外東壁。木質，圓形。每字一牌。直徑155厘米。隸書，字徑124厘米。無款識。

以上每字略帶行意，嚴謹不失靈活，用筆化柔爲剛，沉穩遒勁。

剛□（毅）仁慈

【説明】

此牌懸於崇寧殿外西壁。木質，圓形。原爲四，今存三，每字一牌。直徑 155 厘米。隸書，字徑 110 厘米。無款識。

按，據内容推測，所缺者疑爲“毅”。

剛毅自强的精神和仁慈寬厚的道德，不僅是對關公的贊頌，也是中華民族長盛不衰的秘密。

寢宮院門

永荷神庥

【説明】

此匾懸於寢宫院門楣。木質，橫式，規格爲140厘米×74厘米×4厘米。紅地黑字。行書。清秀靈動，富有神韻。字徑30厘米。上款題：“民國十七年（1928）荷月吉日立獻。”下款署：“吉林弟子賀恩魁敬叩。”

【注釋】

荷：承受，如感荷、拜荷。庥：庇蔭。

寝宫

氣肅千秋木坊

氣肅千秋

【説明】

此爲春秋樓前木牌坊題刻。木質，横式，規格爲 240 厘米 ×90 厘米。藍地金字。行楷，字徑 52 厘米。

“氣肅千秋”坊，位於廟内後宫春秋樓前，是中軸綫上最高大的木牌坊。肇建時間當在明萬曆（1573—1620）之初。後經嘉慶二十年（1815）地震損壞，清同治六年至九年（1867—1870）重建。坊爲四柱三樓廡殿式。迎風板上彩繪花卉圖案和《三國演義》故事，如“温酒斬華雄”“卧牛山收周倉”等。

印樓

印樓

【説明】

此牌爲春秋樓前印樓樓額。木質，斗形，竪式，規格爲 140 厘米 ×60 厘米。白地黑字藍邊。榜書，字徑 40 厘米。

是樓以内藏“漢壽亭侯”印而得名。創建年代及造型風格同刀樓。額枋雕刻有讀書、繪畫、打牌、敲鼓、吹喇叭等畫面。少年皆着青衣，幼童裸體或穿紅兜肚，形象生動。兩樓於清康熙四十一年（1702）遭火焚後重建。乾隆二十七年（1762）知州言如泗更名并“厘正匾額”。

刀樓

刀楼

【説明】

此牌爲春秋樓前刀樓樓額。木質，斗形，竪式，規格爲 140 厘米 ×60 厘米。白地黑字藍邊。榜書，字徑 40 厘米。

是樓以内藏“青龍偃月刀”而得名。創建年代約在明萬曆（1573—1620）初，現爲清道光四年（1824）遺存。面闊、進深皆三間，二層三檐十字歇山頂。體量不大，造型秀美。額枋雕刻亦甚佳，如彈琴、對棋、鬥雞、鳥雀等圖案。

春秋樓

麟經閣

【説明】

此爲春秋樓樓額，懸於春秋樓二樓明間南檐下。木質，横式，規格爲 223 厘米 ×90 厘米 ×3 厘米。藍地金字。榜書。繁簡得體，輕重合宜，布白匀稱，富有韵味。字徑 41 厘米。上款題："嘉慶丁巳（1797）九月。"下款署："州牧胡龍光敬書。"鈐印三方，其中上款鈐條形閑章一枚，下款"胡龍光"與"敬書"間鈐白文、朱文印各一枚。

胡龍光（1736—1811），清會稽人。乾隆三十年（1765）舉人，四十年進士，歷任知縣、知府，重視文教，吏治清明。據中華民國 9 年（1920）《解縣志 · 名宦傳》記載："胡龍光，河南中牟縣進士。乾隆五十四年（1789）知解州。清廉仁愛，安静不擾。嘗題壁云：作官者惟求大事化小，小事化無。爲民者當知争不如讓，讓不如忍。每政暇，屏從人便衣出城，貌爲書生狀，與農夫樵子談笑於山谷隴畝間。故習知民情，不爲吏胥壅蔽。天旱禱雨輒應，有《祈雨十二應碑記》，人謂至誠所感。"

麟經閣又名春秋樓。該樓爲寢宫主體建築，亦爲廟内最高建築。該樓約始建於明初或者更早。現存結構爲清同治九年（1870）重建之物。二層三檐九脊式屋頂，面闊七間，進深六間，柱列三圍，環廊一周，規模甚巨。無論樓内樓外，建築極爲華美，雕飾極其精麗，尤其是它的托梁吊柱結構手法，在我國古代建築中尚屬孤例。上下神龕裏分别塑有關公夜讀春秋像和戎裝像，技藝之精湛，海内外享有盛譽。楹聯、匾額琳琅滿目，無不給人以至美之感。

聖德服中外大節共山河不變

英名振古今精忠同日月常明

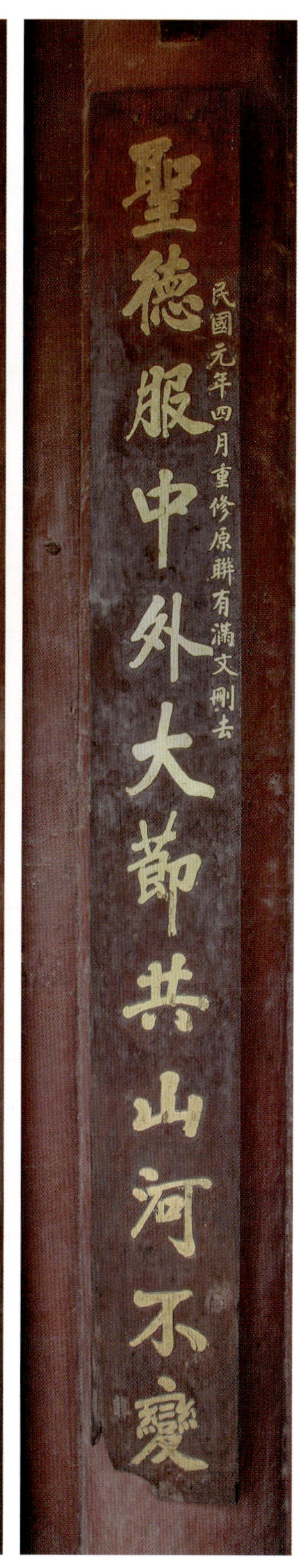

【説明】

此聯懸於春秋樓一樓明間南廊下。木質，規格爲300厘米×32厘米×4厘米。紅地金字。行楷，字徑23厘米。上款題："民國元年（1911）四月重修原聯有滿文刪去。"下聯署："洪洞翁廣居題。"

翁廣居，清末民初山西洪洞人，事迹不詳。

此聯歌頌關羽的"德""名""節""忠"。用語質樸，不刻意修飾，明白易懂，但不失精練工整。

【注釋】

服：順服。這里作動詞用，意思是"使……服"。

大節：關係存亡安危的大事。《論語·泰伯》："臨大節而不可奪也。"後謂臨難不苟的節操爲大節。如：大節凜然。

共：同，一樣。

振：通"震"。

威靈震疊

【説明】

此匾懸於春秋樓内一樓神龕上方，木質，横式，規格爲 320 厘米 ×170 厘米 ×3 厘米。金地藍字。行書。穩重俏皮，頗具特色。字徑 55 厘米。周邊透雕精細，上沿爲二龍戲珠，兩側升龍蜿蜒，下沿爲丹鳳朝陽，纏枝牡丹貫穿四周，枝繁葉茂，花束怒放。無鎸刻年款和書丹者姓名。據有關專家分析認爲，或爲重建春秋樓竣工時士紳商賈集資鎸刻，或爲富豪信士隱姓埋名而獻虔誠。

【注釋】

威靈：威嚴的神靈。震叠：驚懼，這裏應指敬畏。

護世真君

【説明】

此匾懸於春秋樓内一樓明間金柱上方。木質，横式，規格爲 320 厘米 ×132 厘米 ×5 厘米。藍地金字。行書，字徑 60 厘米。無上下款，木作平庸。據説爲清同治九年（1870）鎸刻。

【注釋】

真君：道家稱修仙得道的人。崇寧三年 (1104)，宋徽宗趙佶封關羽爲“崇寧真君”。

忠貫天人

【説明】

此匾懸於春秋樓二樓神龕上方。木質，横式，規格爲254厘米×120厘米×5厘米。藍地金字。行書，字徑51厘米。無年款。唯匾之上沿當心刻有“和碩果親王寶”朱印一方。

和碩果親王，即愛新覺羅 · 允禮，康熙第十七子，雍正之弟。善書畫。他曾親臨解州關帝廟謁拜關帝，并留有文辭佳章。《解州全志》“關帝廟”條就明確記述：“雍正十二年（1734）果親王謁廟，指寫聖像，敬留詩章聯額。”其中聖像見清乾隆《解梁關帝志》，詩碑今存於碑亭。碑爲螭首須彌座，通高353厘米、寬84厘米、厚23厘米。質

地爲漢白玉。詩曰："英風貫金石，壯節植綱常。廟食遍天下，神栖歸故鄉。平生一片心，皎如赤日光。當其忠義發，直欲凌太行。萬古春秋志，惟公升其堂。入廟瞻遺像，雲旆儼飛揚。"

至於親王所書匾額，清嘉慶（1796—1820）間地震，春秋樓受損，而牌匾幸存。時至清同治六年至八年（1867—1869）春秋樓重建後，重懸於此。

春秋樓

降福延年

【説明】

此匾懸於春秋樓二樓神龕内門楣。絲織品，横式，規格爲 145 厘米 ×65 厘米 ×1.5 厘米。紅地金字。楷書，字徑 19 厘米。上、下款題：“民（國）拾五年（1926）西安圍困數月，人無生氣 。鑑祥與五弟皆以業商，均在其内。二老在家憂念萬狀，亦屬無可如何。祥於七月念中受號命乘間出圍，卒幸平安渡河抵解，得瞻神靈。跪拜之餘，默祝福佑，虔祈與二老益壽。今玖載矣，父年七旬，母年六旬有七，均慶康健。夫非神恩之普護歟？！無以銘之，特製錦額，以感不忘云。郇陽王翕順堂弟子敬叩。中華民國廿四年（1935）孟春月上浣穀旦。”

允文允武　乃聖乃神

【説明】

此匾懸於春秋樓二樓神龕内。木質，横式，規格爲 67 厘米 ×40 厘米 ×2 厘米。藍地金字。行書，字徑 12 厘米。左上角鈐閑印一方。

匾右，另有一方與此同樣大小之匾，記述本匾來歷。云：“此吾鄉前輩諸生張樂亭先生書也。余自隆慶年間守先代仙方，精製五金靈砂丹，名馳海内。跟隨解會在（以下文字不知何因被挖）神福者，訖余身而六世。窃嘗有志懸牌寫作，殊未慊心。客嵗（歲）因公寓同州府城，游瞻各廟，見木扁八字，詞翰雙美，知爲前輩名書，五中感佩，如獲至寶，當即沐手摹刻，敬謹高懸，并跋其後。時宣統貳秊（1910）秋九日，陜西韓城縣弟子五品銜候銓州同吴貴三敬書。丙辰四月清和。”下鈐朱文“吴貴三印”和白文“紹清”

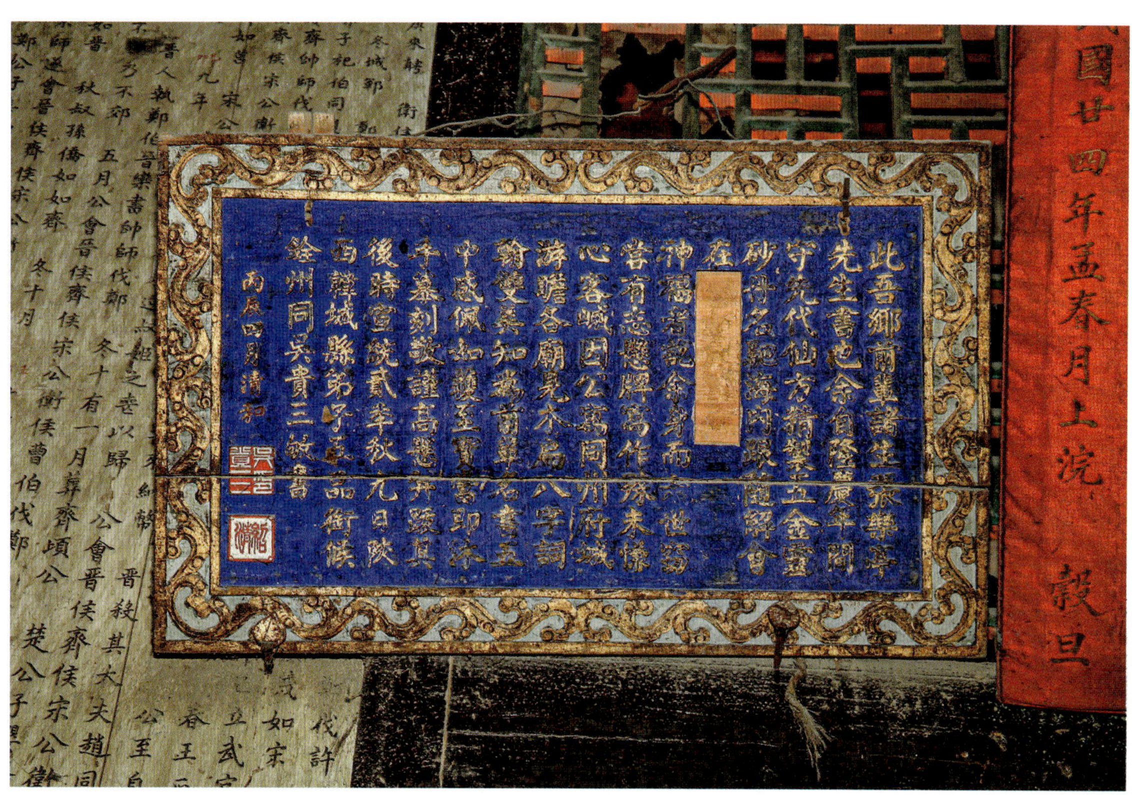

印各一枚。

【注釋】

允文允武　乃聖乃神：《尚書 · 大禹謨》作“乃聖乃神，乃武乃文”。允文允武，指文事和武功兼備。允，公平；得當；相稱。乃聖乃神，贊神靈聖明。乃，助詞，無義。古籍中常用以贊頌帝王。不少關廟楹聯中也嵌入此句，盛贊關公的儒雅氣度和崇高地位。如:

“乃聖乃神，乾坤正氣；允文允武，今古奇人。”（淮安關署内二帝祠）

“允文允武，兩間正氣；乃聖乃神， 萬古中心。”（某關廟）

“乃聖乃神千古仰；允文允武萬民呼。”（臺灣屏東宣平宮）

“乃聖乃神，萬古英靈不爽；允文允武，千秋大義常昭。”（姚萬年題蘭州廣福寺）

“乃聖乃神德遍香江咸被澤；允文允武恩敷粵海不揚波。”（香港文武廟）

“乃聖乃神乃武乃文，扶四百載承堯之運；自西自東自南自北，如七十子服孔之心。”（清 · 趙翼題北京前門關帝廟）

漢精忠

【説明】

此匾懸於春秋樓二樓神龕後室龕楣上。木質，横式，規格爲 67 厘米 ×37 厘米 ×2.5 厘米。黑地金字。正書。風格清秀。字徑 17 厘米。上、下款題："民國十一年（1922）吉日獻　晋稷弟子楊林秀叩。"

【注釋】

漢精忠：意思是最爲忠誠蜀漢的臣子。　在今丹江口市均縣山陝會館大門石額上，亦題刻有"漢精忠"三個大字（陝西朝邑韓廣居書）。古代關廟楹聯中嵌有此三字者也不少。如：

"大義秉春秋，輔漢精忠懸日月；威靈存宇宙，干霄正氣壯山河。"（湖南省湘潭關聖殿）

"學有淵源，從宣聖書，獨得尊王大義；心存正統，非晦翁鑒，誰知翼漢精忠。"（晋祠）

"鎮南護寶島輔漢精忠垂史册；宫里擁蓬萊保民義氣貫乾坤。"（臺灣某關廟）

青燈觀青史着眼在春秋二字
赤面表赤心滿腔存漢鼎三分

【説明】

此聯懸於春秋樓二樓神龕内門兩側。木質。規格爲 187 厘米 ×18 厘米 ×2 厘米。黑地金字。正書，字徑 10 厘米。上款題："道光十五年（1835）歲次蒲月穀旦。"下款署："安邑趙占魁　周中規　周中矩謹叩。"安邑，今山西運城市鹽湖區安邑鎮。作者生平不詳。

聯語簡潔地概括和歌頌了關羽的思想基礎與精神實質。

【注釋】

青燈：指油燈。其光青瑩，故名。

青史：古代在竹簡上記事，因稱史書爲"青史"。此處指人們常説的《春秋》。

春秋：《史記 · 太史公自序》："春秋者，禮義之大宗也。"故聯語里的"春秋"不是指《春秋》一書，應該是指"禮義"。也有解釋説，"春秋"有褒貶之意。

赤：不僅指"紅色"，也用以比喻"忠誠"。

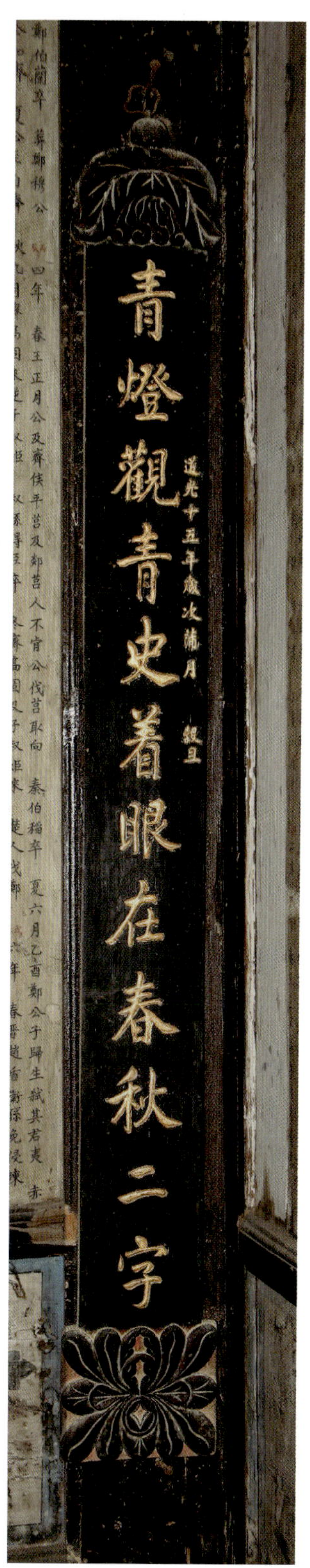

聖德與天齊真不愧協天兩字
崇基從地起也須知拔地千尋

【説明】

此聯題寫於春秋樓二樓東壁。中堂爲彩繪松虎圖。質地爲白灰。規格爲 340 厘米×38 厘米。白地黑字。行書，字徑 16 厘米。無款識。

從字面看去，上聯頌人，下聯贊物，但下聯又似有借物（春秋樓）盛贊關公品節聖潔，德高蓋世之意。“天”“地”二字的複用，也恰到好處，絲毫不顯得煩冗。

【注釋】

聖：封建時代對帝王的諛稱。關羽被追封爲帝，故稱。

齊：同；并。

崇：高。

尋：古長度單位，八尺爲一尋。千尋：極言其高。

北斗在當頭簾箔開時應挂斗
南山来對面春秋閲罷且看山

【説明】

此聯題寫於春秋樓二樓西壁，中堂爲彩繪松獅圖。質地爲白灰。規格爲 340 厘米×42 厘米。白地黑字。行書，字徑 15 厘米。無款識。

這是一副構思别致、用語明新、特寫關公夜讀《春秋》的對聯。雖在寫景，却又寓情，情景相匯，水乳交融。既勾勒出一副静謐、閑雅的詩意畫境，又將作者胸臆抒發得如月色瀉地，盡致淋漓。

【注釋】

北斗：即北斗七星。在北天排列成斗形的七顆亮星。

簾箔：用竹或葦子或秫秸織成的簾子。

南山：即中條山。在山西省西南部，東北—西南走向，長約 160 公里，寬 10—15 公里。廟在山北，山在廟南，故稱。

義氣冲天

【説明】

此匾懸於春秋樓二樓明間南廊下。木質，横式，規格爲 140 厘米 ×72 厘米 ×5 厘米。金地藍字。行楷，字徑 23 厘米。書法平庸無神。上、下款題：“中華民國三拾年（1941）九月十三日吉立獻　河南省懷慶府清化縣信士王明□　山東省曹州府鄆城縣信士張□□叩。”

義氣千秋

【説明】

此匾懸於春秋樓二樓西次間南廊下。木質，横式，規格爲 161 厘米 ×85 厘米 ×5 厘米。紅地金字。楷書，字徑 33 厘米。上、下款題："中華民國三十四年（1945）正月穀旦獻　協記號景雲昇敬叩。"

英雄割據雖已矣
君蒿悽愴或見之

【説明】

此聯懸於春秋樓二樓明間南廊下。木質，規格爲 123 厘米 ×30 厘米 ×1.2 厘米。紅地黑字。隸書。結體自由而不失法度。字徑 13 厘米。上款題："民國己未（1919）中秋集句。"下款題："邑人王寅敬書。"書者生平不詳。

這是一副集句聯。大意謂：大江東去，物换星移，三國時代那種英雄豪杰紛争天下的局面雖然烟逝雲去，視之而不見，聽之而不聞，然而，他們的精魂神氣，猶浮現在世間，使人動魄，又不免讓人生出一種悲凉的情緒。此聯在字面上對當時的人物并無明顯的褒貶，但事實上仍不乏對關羽的悼念和贊美。

【注釋】

英雄割據雖已矣：語出杜甫《丹青引贈曹將軍霸》詩："英雄割據雖已矣，文彩風流今尚存。"英雄：楹聯中指三國時的杰出人物。《三國志 · 蜀書 · 先主傳》："是時，曹公從容謂先主（劉備）曰：'今天下英雄，唯使君與操耳。'"割據：以武力占據部分地區，在一個國家内形成對抗局面。聯中指魏、蜀、吴三國鼎立的局面。已矣：已，停止。矣，表示已然。

焄蒿凄愴或見之：蘇軾《潮州韓文公廟碑》："軾曰：'不然。公之神在天下者，如水之在地中，無所往而不在也。而潮人獨信之深，思之至，焄蒿凄愴，若或見之。譬如鑿井得泉，而曰水專在是，豈理也哉？'"《禮記 · 祭義》謂："焄蒿凄愴，此百物之精也，神之著也。"鄭玄注："焄（音 xūn），謂香臭也；蒿，謂氣蒸出貌也。"孫希旦謂："焄蒿，謂其香臭之發越也。"凄愴，使人惨栗感傷之意。見：應讀爲 xiàn，通"現"，即顯現、出現。

圍廊

忠義仁勇

【説明】

此匾懸於西廊坊下（原在午門）。木質，横式，規格爲 230 厘米 ×125 厘米。匾周雕飾描金琴棋書畫等圖案。紅地金字。正書。上款題："山西解州關聖帝君祖廟惠存。"下款署："連戰敬題。"鈐"連戰"印一枚。

連戰，字永平，臺灣臺南人，一九三六年生於西安，祖籍福建漳州。曾任國民黨主席、臺灣地區行政機構負責人。

道沐两岸

【説明】

此匾懸於西廊坊下（原在午門）。木質，横式，規格爲 230 厘米 ×125 厘米。匾周雕飾描金福禄壽、蝠紋、壽桃等圖案。紅地金字。正書。下款署：“宋楚瑜敬書 二〇一一　四　三。”鈐“宋楚瑜”印一枚。

宋楚瑜，祖籍湖南湘潭，一九四二年生，臺灣省省長、親民黨主席。此匾爲宋楚瑜拜謁關帝廟時所題。

至忠至義

【説明】

此匾懸於西廊坊下。木質，横式，規格爲203厘米×120厘米。匾周彩色飾描暗八仙（即葫蘆、魚鼓、陰陽板、荷花、芭蕉扇、寶劍、花籃、笛子）與祥雲圖案。紅地金字。隸書。下款署："魯維制藥公司　馮衍明　李敏夫婦　農歷（曆）乙醜（丑）年（1985）六月廿三日。"

義氣動天

【説明】

此匾懸於東廊坊下。木質，横式，規格爲 200 厘米 ×78 厘米。匾周雕飾描金雲龍圖案。黑地金字。正書。上款題：“山西省運城解州關聖帝君千秋。”下款署：“閩泉州南門外十一都前埔村敬　丁亥年（2007）夏。”

澤惠萬民

【説明】

此匾懸於東廊坊下。木質，横式，規格爲 260 厘米 ×120 厘米。匾周雕飾描金雲龍圖案。黑地金字。行書。上款題：“己丑（2009）秋月　薛肖軍敬献。”下款署：“曹中厚敬書。”鈐印兩枚。

忠義千秋

【説明】

此匾懸於東廊坊下。木質，横式，規格爲 275 厘米 ×130 厘米。紅地金字。行書。上款題：“甲午（2014） □□□□敬獻。”下款署：“金鑫守信寄卖有限公司　山西太原李勇峰。”

千古一人

【説明】

此匾懸於東廊坊下（原在午門）。木質，橫式，規格爲 300 厘米 ×180 厘米。藍地金字。正書。上款題：“歲次丙戌（2006）孟冬穀旦。”下款署：“廣東東莞常平鎮黃文鋮敬獻。”鈐“黃”印一枚。王陸書。

震古爍今

【説明】

此匾懸於東廊坊下。木質，横式，規格爲 300 厘米 ×180 厘米。藍地金字。正書。上款題："歲次丙戌（2006）孟冬穀旦。"下款署："香港豪德集團王再興敬獻。"王陸書。

威震華夏

【説明】

此匾懸於東廊坊下。木質，横式，規格爲 195 厘米 ×86 厘米。黑地金字。行書。上款題：“山西解州關聖夫子千秋。”下款署：“福建省石獅市大侖德義廟敬。”

忠義千秋

【説明】

此匾懸於東廊坊下。木質，横式，規格爲 240 厘米 ×70 厘米。黄地黑字。正書。上款題："山西解州關聖帝君祖廟惠存。"下款署："台中太平玉天關聖寶殿主任委員邱信昌　榮譽主委張慶隆　副主任委員李冠助　副主任委員吕青洲　值年爐主李炯龍　宫主黄興池暨全體委員敬獻　歲次壬辰年（2012）荔月吉旦。"

忠义千秋

【説明】

此匾懸於東廊坊下。木質，横式，規格爲200厘米 ×60厘米。紅地金字。行書。上款題：“甲午年（2014）四月。”下款署：“金鑫守信寄卖行有限公司敬献。”

仁天義人 擎地昭寰

【説明】

此匾懸於東廊坊下。木質，橫式，規格爲 235 厘米 ×88 厘米。匾周雕飾描金雲龍圖案。金地黑字。行書。上款題：“弟子遼寧榮昌集團石俊慶敬獻。”下款署：“歲次公元二零一三年夏月敬書于芝蘭堂王逸。”

協天佑人

【説明】

此匾原懸於御書樓南檐柱下方。銅質，横式，規格爲 340 厘米 ×160 厘米。匾周雕飾吉祥圖案。緑地金字。行書。上下款爲："丁亥（2007）仲夏　沈鵬書　解州李晨李冰潔　敬獻。"

沈鵬，别署介居主，一九三一年出生于江蘇江陰。當代著名書法家、詩人、美術評論家，國家首批國務院突出貢獻專家。先後歷任人民美術出版社副總編、編審委員會主任，中國書法家協會主席，全國政協委員，中國文聯副主席等。現任中央文史館館員、中國書法家協會名譽主席、中華詩詞學會名譽會長等。

書法精行草書，善隸楷。出版有詩詞書籍、評論文集及書法作品集數種。

功亘古今

【説明】

此匾置於崇寧殿内。木質，横式，規格爲 183 厘米 ×82 厘米。匾周雕飾祥龙圖案。黑地金字。行書。上下款爲："敬献山西解州关帝祖庙　湖南岳阳普德大庙赠　辛丑年（2021）季夏月。"

功德无量

【説明】

此匾懸於東廊坊下。金屬材質，横式，規格爲 115 厘米 ×40 厘米。金地紅字。正書。下款署：“刘学军　二〇〇八年九月。”鈐印一枚。

雅範流芳

【説明】

此匾懸於東廊坊下。木質，横式，規格爲 185 厘米 ×94 厘米。紅地金字。行書。上款題：“道光三年（1823）歲次癸未[孟]秋穀旦公為　河南府　三盛號　成發號　蘭成號　泰成號　來成號　新成號。”下款署：“大法師魯與老先生　立。”疑非廟内舊物。

天朝待燕

【説明】

此匾懸於東廊坊下。木質，横式，規格爲 176 厘米 ×90 厘米。紅地金字。楷書。上款題：“道光三十年（1850）歲次庚戌葭月中浣之吉　親友。”下款署：“恩榮正九品大碩德甲榮喬老先生立　恭爲。”疑非廟内舊物。

長存蔭慈

【説明】

此匾懸於東廊坊下。木質，横式，規格爲 210 厘米 ×105 厘米。紅地金字。行書。上款題：“威武將軍銜營務處潼關常關監督署稽查　前陝西陸軍第一混成旅行營粮台總辦　陝邊游擊司令部副官長　周秉衡叩獻。”下款署：“中華民國歲次甲子十三年（1924）七月　日。”疑非廟内舊物。

忠義滋人澤超鹺海深
说好话
做好人
游关庙
保平安
关公·运城
園

厚載門（南）

福建石材住馬都办
黄友炳赠 电话：2583752

厚載門（北）

聖賢潤物德比條山厚

忠義滋人澤超鹺海深

【説明】

此聯懸於厚載門南明間中柱。木質，竪式，規格爲 320 厘米 ×34 厘米。黑地金字。正書。上款題：“己丑（2009）金秋。”

辞聖廟回望殿堂豪氣
進花園追尋御履英風

【説明】

此聯懸於厚載門北明間中柱。木質，竪式，規格爲 300 厘米 ×31 厘米。黑地金字。行書。下聯落款："光學書。"

園

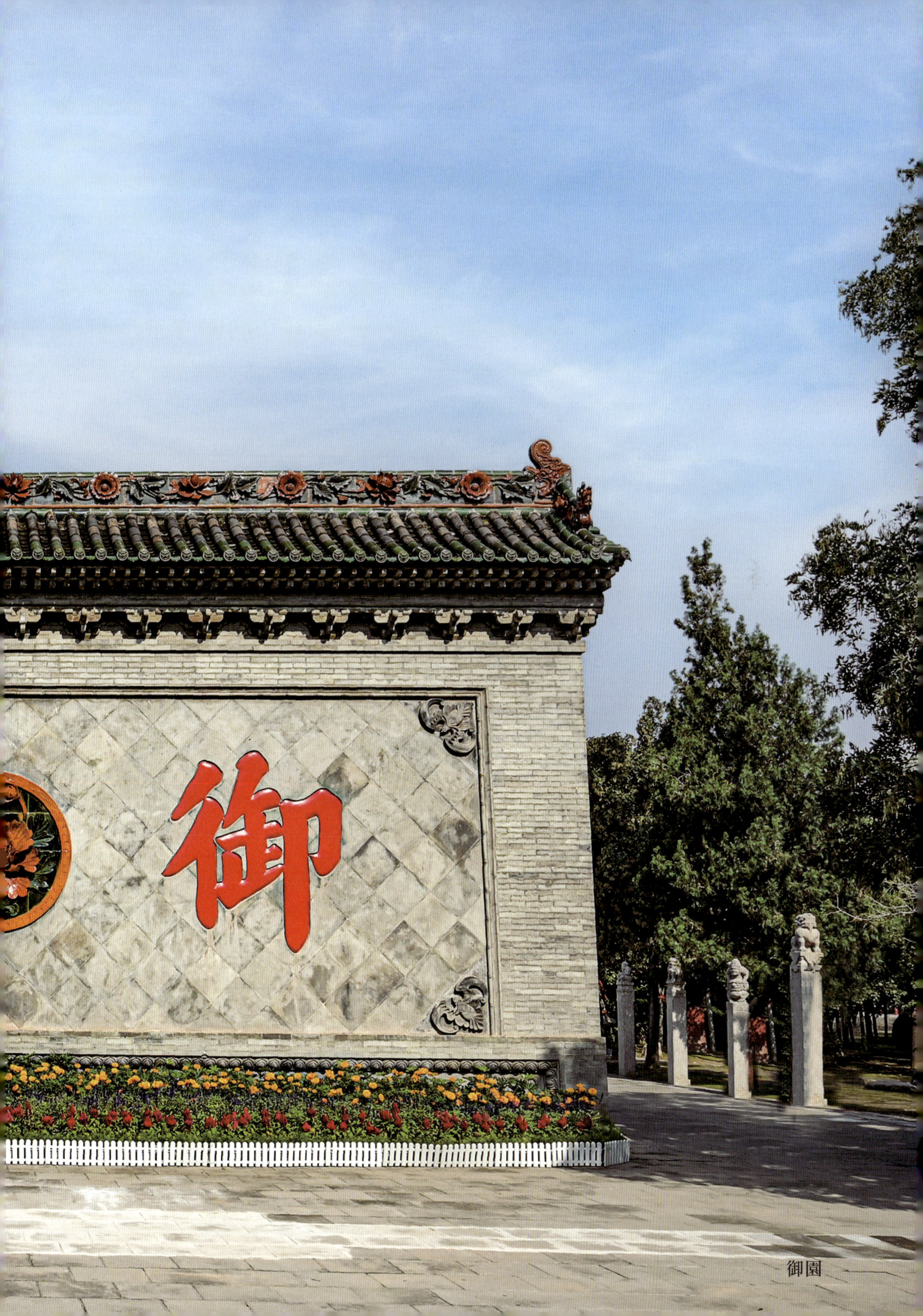

御園

晨光閣

晨光阁

【説明】

此匾位於御園晨光閣門楣正上方。木質，横式，規格爲 220 厘米 ×110 厘米。藍地金字。行書。下鈐馬光學名印一枚。

旭日融融瓊閣暖
茶煙裊裊客心怡

【説明】

此聯懸於御园晨光閣明間中柱。木質，規格爲 208 厘米 ×26 厘米。黑地金字。正書。

聖行祠

圣行祠

【説明】

此匾懸於御園聖行祠門楣上方。木質，横式，規格爲220厘米×100厘米。藍地金字。行書。上款題：“戊子（2008）冬。”下款署：“太生。”

航苇携游福地連芳海

陈堂[illegible]KEEP賞洞天依险峰

【説明】

此聯懸於御園聖行祠明間中柱。木質，規格爲 240 厘米 ×29 厘米。黑地藍字。行書。上款題：“戊子（2008）仲冬。”下款署：“太生。”

館

含章館

含章館

【説明】

此匾懸於御園含章館門楣正上方。木質，横式，規格爲 180 厘米 ×70 厘米。藍地金字。隸書。

凡人也聖人也千秋功德在史乘
兵器乎法器乎萬般利益爲國民

【説明】

此聯懸於御园含章館明間中柱。木質，規格爲210厘米×27厘米。黑地金字。隸書。

畫舫齋

畫舫齋

【説明】

此區懸於御園畫舫齋門楣正上方。木質，橫式，規格爲195厘米×90厘米。藍地金字。正書。

舫間米色映湖色
檐下花香摻茶香

【説明】

此聯懸於御园畫舫齋明間中柱。木質，規格爲 235 厘米 ×26 厘米。黑地金字。正書。

邂逅相逢坐片刻不分你我
彳亍而来品一壺漫话古今

【説明】

此聯懸於御园畫舫齋後門兩側。木質，規格爲 220 厘米 ×25 厘米。黑地金字。行書。

堂
花開三月想桃園

忠義堂

忠義堂

【説明】

此匾懸於御園忠義堂門楣正上方。木質，橫式，規格爲 240 厘米 ×120 厘米。藍地金字。楷書。上款題："己丑（2009）金秋。"下款署："福建晉江安海顏水來　黄麗璇敬獻。"

爐化萬錢悲漢鼎
花開三月想桃園

【説明】

此聯懸於御園忠義堂明間中柱。木質，規格爲 270 厘米 ×26 厘米。紅地金字。正書。上款題：“己丑（2009）金秋。”下款署：“福建晉江顔庭階　顔有俊弟子合家敬獻。”

【注釋】

爐：指香爐。

錢：爲舊時祭祀燒化用的紙錢。

桃園：指劉、關、張桃園三結義故事。

攬月亭

揽月

【説明】

此匾位於御園假山八角亭門楣正上方。木質，横式，規格爲 120 厘米 ×60 厘米。藍地金字。隸書。

山水軒廊爲觀兽貌凌峰頂
诗文字画欣識園魂下翠微

【説明】

此聯懸於御園假山八角亭中柱。木質，規格爲210厘米×25厘米。黑地金字。行書。下款署:“楊山虎撰　馬光學書。”

馬光學，一九五七年生，山西稷山人。長期從事文化、文物工作，多才多藝。中國毛體書法家協會副主席，中日中青年書法家協會會員，中國民間文藝家協會會員，中國民俗攝影家協會會員。

御柳宫花萬般春色來千古
神山聖水滿眼風光在一亭

【説明】

此聯懸於御園假山八角亭中柱。木質，規格爲 220 厘米 ×25 厘米。黑地金字。行書。下款署：“楊山虎撰書。”

楊山虎（一九四二—二〇一九），山西稷山人。先爲記者，後轉政界。喜書法，尤擅詩詞。生前係中華詩詞學會會員、山西詩詞學會理事、運城地區詩詞學會會長、稷山縣詩詞學會名譽會長。

滿壁詩文頌德聲

雅頌軒

雅頌軒

【説明】

此匾懸於御園雅頌軒門楣正上方。木質，横式，規格爲 220 厘米 ×100 厘米。藍地金字。正書。下款署："馬光學書。"

一生忠義名青史
滿壁詩文頌德聲

【說明】

此聯懸於御園雅頌軒明間中柱。木質，規格爲 275 厘米 ×26 厘米。黑地金字。正書。

文武聖神

【説明】

此匾懸於御園雅頌軒殿内。木質，横式，規格爲175厘米×80厘米。正書。上款題：“臨晋縣□里鄉清池里角盃村信士謹獻。”下款署：“康熙五十三年（1714）歲次甲午四月吉旦。”

大威德

【説明】

此匾懸於御園雅頌軒内。木質，横式，規格爲 330 厘米 ×155 厘米。匾周彩色飾描暗八仙及祥雲圖案。紅地金字。行書。上款題："丁亥（2007）冬。"下款署："田偉书　福州叶建明全家敬献。"

久應生暉

【説明】

此匾懸於御園雅頌軒内。木質，横式，規格爲330厘米×155厘米。緑地金字。正書。上款題：“戊子（2008）夏。”下款題：“西安王暉全家敬献。”

戊子夏
久應

文華苑

文華苑

【説明】

此匾懸於御園文華苑門楣正上方。木質，橫式，規格爲 220 厘米 ×90 厘米。藍地金字。行書。上款題："己丑（2009）夏。"下款署："明珠題。"

鋪采摛文歌聖化
畏威懷德徵瑞福

【説明】

此聯懸於御園文華苑明間中柱。木質，規格爲 265 厘米 ×27 厘米。黑地金字。行書。楊明珠撰聯。

長廊

夫子孰能當孺婦知名繼文宣于
千秋以后
天津市關帝廟

渡夕單騎伴君行

九州無處不焚香
明·神宗·朱翊鈞

御園長廊對聯匯輯

1. 縱霧雨不妨觀景　唯曲廊遍可通幽

長廊入口“啓瑞”處

2. 瞻三國成千故事　游九州第一長廊

長廊出口“兆祥”處

3. 五夜何人能秉燭　九州無處不焚香

明 · 朱翊鈞（神宗）
北京市　地安門關廟

4. 治統溯鈐承法治兼資洵哉古可爲鑒
政經崇治嗣實枚式焕穆矣神其孔安

北京市　歷代帝王廟

5. 作鎮統元，居五岳之長
資生全撰，妙萬物而神

清 · 愛新覺羅 · 弘曆（高宗）
北京市　正陽門左側關帝廟

6. 心標日月　義貫乾坤

北京市　雍和宫關帝殿

7. 浩氣丹心萬古忠誠昭日月　佑國福民千秋俎豆永山河

清 · 愛新覺羅 · 弘曆（高宗）

北京市　地安門關帝廟

江蘇省徐州市　雲龍山

8. 姓氏流香　大義與乾坤不朽

風聲持達　孤燈共日月争光

明 · 唐璉

北京市　故宫

9. 夫子孰能當　孺婦知名　繼文宣於千秋以後

精忠庸有幾　馨香終古　惟武穆可一龕而居

清 · 王新銘

天津市　關帝廟

10. 三晋英靈篤生夫子　四時報賽先酌鄉人

清 · 惲季申

上海市　關帝廟

11. 雖經歷代崇封　不忘漢壽亭侯四字

要釋當年遺恨　端在紫陽綱目一書

清 · 沈紹興

上海市　上海縣武廟

12. 荆州吾舊業　恨劉封孟達協力助吴

至今一局殘棋　須還我漢家疆土

陳壽爾何人　黨司馬夏侯私心帝魏
誰知百年定論　要援他孔氏春秋

清 · 鐘祖芬
重慶市　江津區　關帝廟

13. 皈佛皈道　皈聖皈儒　華夏大地亘古一人
至忠至義　至仁至勇　炎黄赤子心中明燈

遼寧省黑山縣新立屯鎮

14. 秉燭春秋　大節至今昭日月
滿腔大義　英風亘古振綱常

遼寧省朝陽市　關帝廟

15. 一秉忠臣　心如天日
氣吞吴魏　志在春秋

吉林省吉林市　關帝廟

16. 壯河英雄萬代　秉肝忠義千秋

黑龍江省虎林市虎頭鎮　關帝廟

17. 黄雲匝地遮沙漠衰草邊岡走駱駝
車轍紛騰市井囂百年修養得今朝

内蒙古自治區多倫縣　山西會館

18. 五侯武將五魁元　一心依漢一朝臣

河北省涿州市　三義宫

19. 義烈重桃園一代君王扶社稷
勛名昭竹帛千秋英靈佐神州

河北省涿州市　三義宮

20. 雄赳赳嚇破曹賊肝膽　眼睜睜看定漢室江山

河北省涿州市　三義宮

21. 漢封侯宋封王明封大帝　儒稱聖釋稱佛道稱天尊

山西省臨汾市洪洞縣　關帝廟

22. 浩氣長存華夏千秋　威靈永佑神州百姓

河北省承德市　關帝廟

23. 偉烈繼高光請看章武書元萬古江山歸正統
故鄉奉祠廟還似新豐舉酒千村父老拜英風

河北省涿州市　三義宮

24. 老三義少三義老少共三義
父君臣子君臣父子皆君臣

河北省涿州市　三義宮

25. 天日心如鏡　春秋義薄雲

河北省涿州市　三義宮

26. 檀溪一躍成帝業　偃月單騎伴君行

河北省涿州市　三義宮

27. 恕同文武　道即聖賢

清 · 宋權
山西省臨汾市蒲縣　關帝廟

28. 文物具靈性關帝廟藴含真善美
藝壇綻光輝演義臺包容日月星

張長順撰　汪學文書
山西省臨汾市洪洞縣　關帝廟

29. 行義常昭爲聖爲神名垂萬古
天心可協允文允武威震八方

太原大關帝廟

30. 貫日精忠立臣子千秋模範
彌天正氣壯國家一統山河

晉祠關帝廟

31. 忠義仁勇萬世傳承　關聖帝君時刻護佑

關帝表業敬獻

32. 條山岩奇忠昭日月　解地見古義薄雲天

李來斗敬獻

33. 奉丹誠三星頻顧　行大義一世常平

董雁紅敬獻

34. 智勇寬仁千載名高稱聖　忠直信義九州廟滿封神

關帝表業敬獻

35. 英風如昨興天地悠久無疆
霸業已空問吳魏强梁安在

河南省周口市　關帝廟

36. 翊漢表神功龍門并峻
扶綱伸浩氣伊水同流

清 · 愛新覺羅 · 弘曆（高宗）
河南省洛陽市　關林

37. 夜讀春秋一點燭光耀今古
書思漢室千秋正氣貫乾坤

河南省許昌市　春秋樓

38. 秉燭持綱常顧影何慚心上日
封金完節義對人不愧性中天

河南省周口市　關帝廟

39. 昊義參天精忠貫日群賢崇聖德
英風鋪地仁勇凌虹大帝景心尊

河南省開封市　山陝甘會館

40. 生蒲州長解州戰徐州鎮荊州萬古神州有赫
兄玄德弟翼德擒龐德釋孟德千秋智德無雙

湖北省當陽市　關陵

41. 先武穆而神大宋千古大漢千古
後文宣而聖山東一人山西一人

湖北省當陽市　關陵
江蘇省　南京總統府

42. 灘水夜號蛟龍飲泣三分恨
秋山晝嘯草木聲誅兩賊魂

43. 荆州形勝即中原得之則進取易失之則退
守難天意蒼茫莫怪公猶立馬
壯繆大名垂宇廟生不爲曹氏臣死不爲孫家
妾人心維繫遂領我欲登龍

湖北省荆州市　關帝廟

44. 夕陽丘首三分土　古道江頭一片碑

湖北省當陽市　關陵

45. 史策幾千年未有上繼文宣大聖下開武穆孤忠
浩氣長存樹終古彝倫師表
地方數百里之間西連漢壽舊封東接益陽故壘
英風宛在望當年戎馬關山

湖南省常德市　關帝廟

46. 聲威何其震　功勛何其赫　忠義何其重　真武聖人也
富貴不能淫　貧賤不能移　威武不能屈　誠大丈夫哉

貴州省安順市鎮寧自治縣　關帝廟

47. 聖湖廟宇重新蠲潔如臨潭上月
武帝旌旗在眼威靈共仰水中天

清 · 楊昌浚
浙江省杭州市西湖區　關岳廟

48. 鐵杆頌德高千尺　金柱銘勛參九霄

安徽省亳州市　大關帝廟

49. 赤面秉赤心騎赤兔追風馳驅時無忘赤帝
青燈觀青史仗青龍偃月隱微處不愧青天

明 · 朱翊鈞（神宗）
湖北省玉泉山　關帝廟

50. 本是豪杰作爲只此心無愧聖三旬是配東國夫子
何必仙佛功德惟其氣充塞天地里已成西方聖人

山東省聊城市　山陜會館

51. 商翕奏賞心是金榜題名洞房花燭
演成文快意在坦道駿馬高帆順風

山東省聊城市　山陜會館

52. 偉烈壯古今浩氣丹心漢代一時真君子
至誠參天地英文雄武晋國千秋大丈夫

山東省聊城市　山陜會館

53. 孤山獨廟　一將軍橫刀匹馬
兩岸夾河　二漁叟對釣雙鉤

清 · 劉鎰
江西省廬山市　關帝廟

54. 雄武文略德彌萬世　精忠節義功蓋千秋

江蘇省邳州市　土山關帝廟

55. 馬到五關思兄弟　花開三月想桃園

江蘇省徐州市　雲龍山

56. 帝爽有昭明當朝謚號增崇奉戴儀同文廟肅
神功無代謝亘古河山作鎮靈長運過將侯奇

清 · 朱琣
江蘇省沛縣　關帝廟

57. 百代人文淵　千秋浩氣長存

許宗波書
福建省石獅市蚶江鎮　忠仁廟

58. 黑地昏天忽現山西紅日
峰回路轉恍臨漢壽清風

福建省泉州市　黑風古廟

59. 正氣參天地　仁風垂古今

福建省石獅市蚶江鎮　忠仁廟

60. 詭詐奸刁到廟傾城何益　公平正直入門不拜何妨

福建省泉州市　關岳廟

61. 忠真不二昭千古　仁合爲三共一心

福建省石獅市蚶江鎮　忠仁廟

62. 熙朝崇聖　歷代褒忠

福建省石獅市蚶江鎮　忠仁廟

63. 一點孤忠維漢祚　兩人同志守睢陽

福建省石獅市蚶江鎮　忠仁廟

64. 數定三分　扶炎漢平吴削魏　辛苦倍常　未了一生事業
志存一統　佐熙明降魔伐虜　威靈丕振　只完當日精忠

明末清初 · 黄道周撰題
福建省漳州市　東山關帝廟

65. 浩氣塞兩間　萬古綱常永賴
威靈宣八表　千秋帶礪全憑

廣西壯族自治區桂林市　關壯繆廟

66. 玉洱增輝聖殿無雙文品格
銀蒼立偉關公第一武精神

雲南省大理白族自治州　武廟會

67. 度一切衆生於夢幻後
存千秋大義在天壤間

清 · 王浮遠
雲南省昆明市　關帝廟

68. 從真英雄起家　直參聖賢之位
以大將軍得度　再現帝王之身

廣東省揭陽市　北門關帝廟

69. 志在春秋功在漢　心同日月義同天

廣東揭陽市　北門關帝廟

70. 凛冽聖神豈僅精忠扶漢室
浩然道義常普德澤育蓮峰

廣東省深圳市　南澳關帝廟

71. 師卧龍友子龍龍師龍友
弟翼德兄玄德德弟德兄

廣東省揭陽市　北門關帝廟

72. 英雄幾見稱夫子　豪杰如斯乃聖人

廣東省揭陽市　北門關帝廟

73. 在三在亡三亡而今享祀猶同伴
合義合戰義戰自昔銘勛匪异人

四川省成都市　武侯祠

74. 秉燭豈避嫌斯夜一心在漢室
華容非報德此時兩眼已無曹

廣東省揭陽市　北門關帝廟

75. 時雨助王師直教萬里昆侖爭迎馬迹
春風懷帝利且喜十年帷幄重握刀環

清 · 魏炳蔚
甘肅省嘉峪關市　關帝廟

76. 惠陵烟雨涿郡風雪在昔同袍成一旅
魏國山河吴宫龍草於今烈士笑三分

清 · 吴鎮
甘肅省蘭州市　關帝廟

77. 至城之功孚至豚魚雖阿瞞莫敢不服
大義所歸堅如金石惟使君乃得而臣

清 · 朱緘三
陝西省蒲城縣　關帝廟

78. 拜斯人便思學斯人莫混帳磕了頭去
入此山須要出此山當仔細捫著心來

明 · 周亮工

寧夏回族自治區隆縣德六盤山街道　關帝廟

79. 赫濯震天山　通萬里車書　何處是張營岳壘
陰靈森秘殿　飽千秋冰雪　此中有漢石唐碑

清 · 徐松

新疆維吾爾自治區阜康市　天山關帝廟

80. 心存西漢魏附西川請看廟貌全新聲教只通西域
法護南無名存南史若使邊功同立神威肯讓南征

西藏自治區昌都市　察木多城關帝廟

81. 天上掌文衡信有靈光憑俎豆
人間尊武聖永留浩氣壯河山

香港文武廟

82. 協靖中原拍馬神威揚赤兔
天膺大命□鷹靈穴指黄蜂

臺灣省宜蘭縣　勅建礁溪協天廟

83. 萬古著綱常海邦砥柱　千年存俎豆帝德馨香

臺灣省臺南市　祀典武廟

84. 數定三分扶漢室削吴吞魏辛苦備嘗未了平生事業
志存一統佐熙朝伏寇降魔威靈丕振只完當日精忠

臺灣省臺南市　祀典武廟

85. 大義千古大忠千古　晚漢一人晚宋一人

臺灣省南投縣　日月潭文武廟

86. 協建廟堂蜂穴旗峰同拱護
天闕聖迹龍潭鳳□永朝參

臺灣省宜蘭縣　勅建礁溪協天廟

87. 協義懷忠蘭縣礁溪崇武聖
天樞地軸杏壇泗水配文宣

臺灣省宜蘭縣　勅建礁溪協天廟

88. 廟貌喜重新文德武功百代儀型昭日月
游蹤堪小憩仁山智水四時景物暢胸襟

臺灣省南投縣　日月潭文武廟

89. 大道久彌新奚必傷麟嘆鳳即今仰德懷仁又見海疆崇聖學
典型垂萬古足令慕義效忠但願同心繼武莫將成敗論英雄

臺灣省南投縣　日月潭文武廟

90. 協戰魏吴英雄出類　天生義勇蜀漢成功

臺灣省宜蘭縣　勅建礁溪協天廟

91. 誦詩禮瞻廟堂結鄰閣有春秋想像泗洙超百聖
伐姦渠掃胡虜此地潭名日月典型漢宋耀雙忠

孔德成敬題

臺灣省南投縣　日月潭文武廟

92. 協力抗曹志在九州歸一統
天心延漢名揚三國著千秋

臺灣省宜蘭縣　勅建礁溪協天廟

93. 結桃園兄賢弟義
扶漢室君聖臣忠

臺灣省臺南市　祀典武廟

94. 臨水登山一路漸入佳境
尋源仿古此中無限風光

越南河内關帝廟

95. 勇壯山河，萬里雄風揚四邑
忠懸日月，千秋義氣普三都

澳大利亞墨爾本四邑廟

96. 赤日常掛扶桑日
正氣時通大海風

清 · 徐葆光

日本那霸市久米村關帝廟

97. 忠義照千古　威靈顯五洲

美國紐約堅尼街關帝廟

98. 大義在春秋慷慨一言成骨肉
丹心懸日月艱難百戰識君臣

馬來西亞柔佛州丹杯關帝廟

99. 別開圖畫五千年，奉將漢壽亭侯浮居海國
載得明珠十萬斛，采遍秦時書籍歸獻天家

清 · 李篁仙
日本廣東會館關帝堂

100. 精忠貫日月　大義薄雲天

美國三藩市關帝廟

101. 上國此亭蹤，記從畫鷁飛來，帆葉飽張青翡翠
仙瀛今在望，只向金鼇踏去，釣竿輕拂紫珊瑚

清 · 張謇
日本函館關帝廟

102. 聖德遍天地　神恩布萬方

澳大利亞布里斯班三聖廟

103. 伐魏征吴誰比一時事業
稱王頌帝孰同千古馨香

泰國曼谷關帝廟

104. 精忠扶漢業　德澤蔭僑民

日本神户關帝廟

105. 立膽爲義昭千古
存心以忠著萬年

印尼棉蘭關帝廟

106. 千秋義氣　萬古忠心

使臣程龍題
韓國首爾關帝廟

107. 鐵石爲心漢室擎天一柱
春秋得力尼山拔地奇峰

馬達加斯加蘇瓦雷斯華僑總會會館旁關帝廟

108. 聚會神人講道德　善行義氣化愚賢

新加坡義順聚善堂關帝廟

109. 義安境泰聖德施恩佑萬民
崇正黜邪神威宣化揚四海

新加坡盛港崇義廟

110. 義炳乾坤宏開影像
興來豪杰大振良圖

澳大利亞迪戈關帝廟

道正司

道教正宗

【説明】

此匾懸於解州關帝廟西宫道正司内。石質，横式，規格爲 230 厘米 ×110 厘米。藍地金字。正書。

道正司，清代州屬掌管道教事宜的機構。據解州關帝廟清道光二十四年（1844）的《重建道正司碑記》記載，道正司創建於清乾隆二十七年（1762），重建於清道光二十四年。

天地君親師

【説明】

此牌放置於道正司。木質，斗形，規格爲 37 厘米 ×14 厘米。紅地黑字。正書。題曰："天地君親師。"

【注釋】

天地君親師: 中國儒家祭祀的對象。爲古代祭天、祭祖、祭聖賢等民間祭祀的綜合，也是傳統敬天法祖、孝親順長、忠君愛國、尊師重教的價值觀念取向。

天地君親師思想發端于《國語》，形成于《荀子》。在西漢思想界和學術界頗有影響，明朝以後，更在民間廣爲流傳。

派始祖廣□通玄妙極太古真君大通□□□真人姜公諱善信之神位

【説明】

此牌放置於道正司。木質，斗形，規格爲 108 厘米 ×37 厘米。白地黑字。正書。題曰："派始祖廣□通玄妙極太古真君大通□□□ 真人姜公 諱 善信之神位。"

清行工道正司道正禮用董公之神位

【説明】

此牌放置於道正司。木質，斗形，規格爲 76 厘米 ×20 厘米。白地黑字。正書。題曰:“清行工道正司道正禮用董公之神位。”

明道正司□□演澄楊公建功神位

【説明】

此牌放置於道正司。木質，斗形，規格爲 76 厘米 ×20 厘米。白地黑字。正書。題曰：“明道正司□□演澄楊公建功神位。”

清行工道正司道正禮岱董公神位

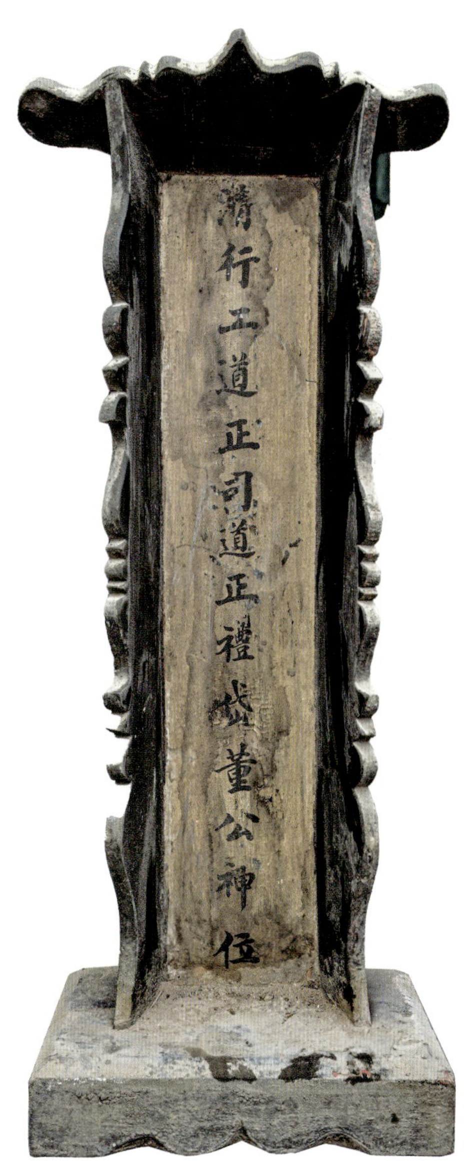

【説明】

此牌放置於道正司。木質，斗形，規格爲 76 厘米 ×20 厘米。白地黑字。正書。題曰：“清行工道正司道正禮岱董公神位。”

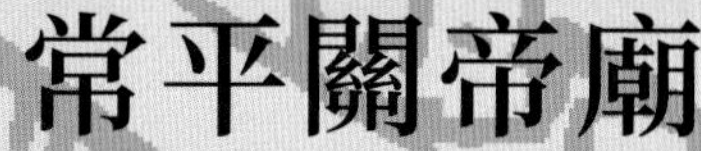

常平關帝廟

大門

關帝廟

【説明】

此匾懸祖祠大門明間門楣。木質，横式，規格 250 厘米 ×120 厘米 ×10 厘米。藍地金字。行書。字徑 28 厘米。用筆方正，結體險峻，綫條老辣，氣度博大。無上款，下款署“姚奠中”，鈐朱文名印一方。係一九九八年祖祠正式對外開放時所製。

大門面闊三間，進深二椽，懸山頂。

威震華夏名傳百世

義薄雲天廟祀千秋

【説明】

此聯懸於祖祠入口兩側。木質，竪式，規格爲 260 厘米 ×33 厘米。紅地金字。行書。落款“姚奠中”。

【注釋】

廟祀：這里指立廟奉祀。唐 · 元稹《告祀曾祖父》：“唐制，位五品皆廟祀。”宋 · 曾鞏《爲人後議》：“號位不敢以非禮有加也，廟祀不敢以非禮有奉也。”

關王故里

【説明】

石坊題額。青石質，横式，規格 220 厘米 ×33 厘米 ×13 厘米。黑字，正書，字徑 28 厘米。上款題："嘉靖二年（1523）七月吉日。"下款署："巡按監察御史王秀立。"

石坊立於明正德年間（1506—1521），四柱三間，無臺基，各柱下端平磐石上雕覆盆式柱頂石。柱身平面八角形，明間兩柱剔地雕蟠龍各一。柱上架石雕大額坊，無斗拱及花飾。素而不俗，簡而不陋，無華美之感，饒樸素之趣。

鼓樓

鼓樓

【説明】

此匾爲鼓樓樓額。木質，横式，規格127厘米×72厘米×5厘米。白地黑字。正書，字徑38厘米。上款題："嘉慶庚辰（1820）仲秋。"下款署："郡人王應楷敬書。"

鼓樓，下層磚砌台墩，前後設券洞（只是規制而已，不可通行）。台墩上建樓一座，四角立柱，三面砌牆，歇山小頂。從建築風格、造型手法看，似爲民國之物。

靈鍾鹺海木坊

靈鍾鹺海

【説明】

爲祠前東側木牌坊明間迎風板題刻。木質，横式，規格爲396厘米×190厘米。藍地金字。正書，字徑55厘米。

建築年代及形制同"秀毓條山"木坊。兩坊上題刻的内容均與常平的地形地貌、自然風光有關。鹺海在廟後，條山在廟前。既點明了關公故里和祖祠的地理環境，又藉以贊頌當地的秀美風光和歷史人物。一語雙關，巧妙自然。

【注釋】

鹾海：即河東鹽池，又名解池。地處山西運城盆地之南，中條山北麓，自東北向西南延伸，長約 30 公里，寬 3—5 公里，面積 130 平方公里，形成于新生代第四紀初。關公故里就在池之南。

山

秀毓條山木坊

秀毓條山

【説明】

爲祠前西側木牌坊明間迎風板題刻。木質，横式，規格爲 396 厘米 ×190 厘米。藍地金字。正書，字徑 55 厘米。

木坊建于清雍正八年 (1730)，清嘉慶二十年（1815）地震受損後於嘉慶二十三年（1818）重葺。四柱三樓，廡殿式瓦頂，穩健古樸。

【注釋】

毓：孕育；產生。《國語 · 晋語四》：“黷則生怨，怨亂毓灾。”

條山：即中條山。位於山西省西南部，横亘黄河北岸，東北—西南走向，東連太行，西接華山，故名。長約 160 公里。關公故里即在山之北。

平关帝祖祠简介
1986年常平关帝祖祠（常平关帝庙）被列为山西省重点文物保护单位。2006年被列为全国重点文物保护单位。
Brief Introduction of Changping Guandi Ancestral Temple

山門

根在河東

【説明】

此匾懸於山門門楣。木質，横式，規格爲 196 厘米 ×85 厘米。匾周雕飾描金雲龍圖案。緑地金字。行書。上款鈐“長慶”二字印；下款署“蘇士澍題”，鈐“天池蘇氏”和“士澍”印各一枚。

從祖盡忠興帝業
替天行道爲民生

【説明】

此聯懸於山門明間中柱。木質，規格爲 222 厘米 ×28 厘米。紅地金字。行書。上款題："新纪年乙未（2015）仲夏。"下款署："李愛碧　施清海　陳國權　敬獻。"

靈貺畢臻

【説明】

此區懸於山門前檐明間。木質，横式，規格爲 196 厘米 ×85 厘米。區周鏤空雕飾暗八仙圖案，四角雕飾蝙蝠紋。藍地金字。正書。上款題：“丙申（2016）仲秋。”下款署：“香港弟子卓楚華　柯鴻輝　楊笑容敬獻。”

永荷神庥

【説明】

此匾懸於山門前檐明間。木質，横式，規格爲 196 厘米 ×85 厘米。匾周鏤空雕飾暗八仙圖案，四角雕飾蝙蝠紋。藍地金字。正書。上款題："丙申（2016）仲秋。"下款署："香港弟子李愛碧　施清海　陳國權敬獻。"

畏威懷德

【説明】

此匾懸於山門内明間。木質，横式，規格爲 200 厘米 ×100 厘米。匾周雕飾暗八仙、蝙蝠等圖案。藍地金字。行楷。上款題：“淮崗合家敬獻。”下款署：“辛丑（2021）春月　老凹奉筆。”

老凹，即衛牢娃，一九四九年生，山西臨猗人。中國書法家協會會員。曾任全國鐵路書法家協會常務理事、創作委員會副主任，中國作家書畫院藝委會委員，運城市書法家協會副主席。作品以行、草爲主，追求古樸厚拙、率性自然之風。

福佑嘉通

【説明】

此匾懸於山門内明間雙步梁。木質，横式，規格爲 200 厘米 ×100 厘米。匾周雕飾描金雲龍圖案。藍地金字。正書。上款題：“庚子年（2020）甲申月己亥日。”下款題：“鹽湖區弟子孫滿傑全家敬獻　王陸。”

魂歸故里

【説明】

此匾懸於山門内明間雙步梁。木質，横式，規格爲180厘米×100厘米。黑地金字。行書。上款鈐“關聖大帝”印一枚，下款題：“程登朝携子孫敬贈　翟德年沐書。”下鈐“翟德年印”一枚。

神恩永護

【説明】

此匾懸於山門内明間門楣。木質，横式，規格爲 190 厘米 ×90 厘米。黑地金字。隸書。上款題："辛卯年（2011）仲夏吉日。"下款題："運城龍翔工業技術學校苗紅崗　陶小翠　敬獻。"

儀門

神盈宇宙

【説明】

題於儀門明間中柱上方門楣。横式，規格爲315厘米×140厘米。黑地緑字。正書，字徑60厘米。據資料，原上款爲："乾隆六年（1741）辛酉□月。"下款不詳。

儀門，取"有儀可象"之意。也稱二門，面寬三間，進深二椽，懸山頂。此儀門爲清代重修。

【注釋】

盈：充滿。《詩經·周南·卷耳》："采采卷耳，不盈頃筐。"

宇宙：天地萬物的總稱。《淮南子·齊俗訓》："往古來今謂之宙，四方上下謂之宇。"

一門血脉忠與勇
萬世家風義和仁

【説明】

此聯懸於儀門中柱，木質，規格爲 219 厘米 ×26 厘米。紅地金字。行書。上款題："淮崗合家敬獻。"下款署："辛丑（2021）季春　閱山草堂主人老凹並書"，并鈐印一枚。

精忠貫日

【説明】

此匾懸於儀門明間門楣。木質，横式，規格爲 200 厘米 ×80 厘米。匾周雕飾描金雲龍圖案。黑地金字。正書。上款題：“山西解州常平村關聖帝君千秋。”下款署：“閩泉州南門外十一都前埔村敬　丁亥年（2007）夏。”

忠義千秋

【説明】

此匾懸於儀門内明間雙步梁。木質，横式，規格爲 200 厘米 ×90 厘米。黑地金字。行書。下款題：“王存進書。”并鈐印一枚。

威震九州

【説明】

此匾懸於儀門内明間雙步梁。木質，横式，規格爲 210 厘米 ×90 厘米。匾周雕飾描金雲龍圖案。藍地金字。行書。上款題：“山西省運城解州常平關帝祖祠。”下款署：“分靈福建晉江市衙口仁義廟理事會戊子年（2008）首次祖庭進香　敬。”

神威顯赫

【説明】

此匾懸於儀門内明間雙步梁。木質，横式，規格爲 180 厘米 ×70 厘米 ×4 厘米。行書，字徑 28 厘米。上款題："關聖帝君祖廟惠存。"下款署："臺灣省臺中市南屯區玉德宮副主任委員張秋得　委員王慶豐　王鴻儒敬獻　歲次乙亥年（1995）五月八日。"

【注釋】

顯赫：形容聲名昭著。

中條發跡

【説明】

此匾懸於儀門内明間雙步梁。木質，横式，規格爲 190 厘米 ×78 厘米 ×3 厘米。黑地金字。行書，字徑 40 厘米。上款題：“丙子年（1996）梅月吉旦。”下款署：“福建泉州洪瀨衆弟子敬。”

【注釋】

發迹：舊謂人由隱微而得志通顯。《史記 · 太史公自序》：“秦失其政，而陳涉發迹。”《晉書 · 石勒載記》：“遺勒書曰：‘將軍發迹河朔，席捲兗豫。’”

義拯黎庶

【説明】

此匾懸於儀門内後檐明間。木質，橫式，規格爲 200 厘米 ×118 厘米 ×5 厘米。周邊雕刻有行龍、花卉紋飾圖案。黑地黄字。正書，字徑 38 厘米。上款題：“歲次丁丑（1997）桂月上浣敬獻。”下款署：“芮城韓明頭　任博雲謹叩。”

【注釋】

黎庶：民衆。《韓詩外傳》：“黎庶歡樂，衍盈方外。”

正氣参天

【説明】

此匾懸於山門門楣。木質，横式，規格爲195厘米×87厘米×6厘米。邊框雕飾描金雲龍圖案。黑地金字。正書，字徑39厘米。上款題：“山西省關聖夫子千秋。”下款署：“閩石獅市外高村弟子高永快敬。”

功德無量

【説明】

此匾懸於儀門前檐明間。木質，横式，規格爲88厘米×60厘米×3厘米。黑地黄字。正書，字徑16厘米。款題："頌关羽大帝　乙亥年（1995）仲春屈啟晓。"

【注釋】

功德無量：用以稱頌人的功勞、恩德或做了大有益於别人的事情。功德：指功業與德行。《漢書·丙吉傳》："所以擁全神靈，成育聖躬，功德已無量矣。"《禮記·王制》："有功德於民者，加地進律。"無量：無邊；無法計算。《左傳·昭公十九年》："今宫室無量，民人日駭，勞罷死轉，忘寢與食，非撫之也。"

功德在佛教中指念佛、誦經、布施諸事，也有功能福德之意，亦指修行念佛、布施行善等所獲得的果報。《大乘義章》卷九二："功謂功能，善有資潤福利之功，故名爲功。此功是其善行家德，名爲功德。"據資料，我們所説的"功德無量"，就是引用佛教中的"功德"二字，用以表示一個人立功行善，予人諸多恩惠德澤。

福天壽地

【説明】

此匾懸於儀門内明間門楣。木質，横式，規格爲 250 厘米 ×120 厘米。紅地金字。行書。上款題: “戊戌（2018）夏月。”下款署: “香港闵帝信衆敬獻　趙玉漢書。”并鈐“趙”“玉漢”印兩枚。

趙玉漢，一九〇五年生，山西聞喜人。中國書法家協會會員，首届中國書法蘭亭獎得主，群衆文化專業研究館員，運城市書法家協會原副主席。楷、行、草俱擅。二〇一一年在中國美術館舉辦個人書展，引起書壇轟動。字含“二王”典雅秀逸之美，筆帶“八大”凝煉沉穩之風。净如明月，静若空山，精似耀星。

霑聖澤四處齊瞻聖地
享神恩九州共仰神光

【説明】

此聯懸於儀門内間兩側。木質，規格爲233厘米×30厘米。紅地金字。行書。上款題："戊戌（2018）夏月。"下款署："香港闵帝信衆敬獻　趙玉漢書。"并鈐"趙""玉漢"印兩枚。

獻殿

浩然正氣

【説明】

此匾懸於獻殿明間檐下。花梨木，横式，規格爲 255 厘米 ×73 厘米 ×5 厘米。兩邊框作柱形，刻雲龍；上下分别刻行雲、海水。紅地金字。正書，字徑 35 厘米。上款題："歲次癸未年（2003）榴月常平關帝廟惠存。"下款署"天津馬樹君敬　古絳州王陸書。"

武廟淵源

【説明】

此匾懸於獻殿内前屋檐。木質，横式，規格 330 厘米 ×72 厘米 ×6 厘米。上框邊沿附加鏤雕“二龍戲珠”。紅地金字。字徑 34 厘米。上款題：“二〇〇一年十月十八日解州關帝廟謁祖紀念。”下款爲署名，同解州祖廟雉門“武廟之祖”匾。

【注釋】

淵源：指事物的本源。

條山當爐祭大義
鹾海爲鑑昭精忠

【説明】

此聯懸於獻殿兩側。木質，規格爲 275 厘米 ×36 厘米。黑地緑字。行書。上款題：“戊子（2008）聖誕李兵敬獻。”下款署：“楊明珠并書。”并鈐印一枚。

崇寧殿

崇寧殿

【説明】

此匾懸於崇寧殿明間前檐。木質，横式，規格爲 250 厘米 ×120 厘米 ×10 厘米。藍地金字。篆書，字徑 63 厘米。下款署“趙望進獻”，鈐方形白文名印一枚。

趙望進，筆名素石。一九四〇年生，山西臨猗人。歷任中共太原市委宣傳部副部長、太原市政協常委、太原市書法家協會主席、山西省文聯副主席、山西省書法家協會主席等職。書法創作兼擅諸體，以隸、草見長。

崇寧殿，創建年代不詳。現建築爲清同治九年（1870）重修。面寬五間，進深六間，重檐歇山屋頂，四周回廊。殿内神龕裝飾富麗。龕内彩塑關公帝裝像，像高 255 厘米，周身貼金。隆准龍顔，蠶眉鳳眼。面相肅穆，神態凝重，目光炯炯。頭戴冕旒，腳登雲頭履，腰繫玉帶於腹前打結，雙足下垂，雙手捧笏，正襟危坐，氣度非凡。龕前分列二侍臣王甫、趙累站像，姿態自如，頗富神韵。

侯王帝聖昭千載
福壽康寧降萬民

【説明】

此聯懸於崇寧殿兩側。木質，規格爲 210 厘米 ×36 厘米。紅地金字。正書。上款題：“新紀辛卯（2011）仲夏。”下款題：“李華　李紅霞全家敬獻。”

紫霧盤旋劍影斜飛江海震

紅霞繚繞刀芒高插斗牛清

【說明】

此聯懸於崇寧殿神龕兩側。木質，規格爲 183 厘米 ×15 厘米 ×15 厘米。聯板的天、地部分分别附加雕飾緑荷葉、紅荷花。白地黑字。正書，字徑 15 厘米。

聯語中的“紫霧盤旋”和“紅霞繚繞”，是指殿内飄拂的紫香與摇曳的紅燭。而“劍影斜飛”“刀芒高插”，是借武俠小説、神話故事中常見的用以描繪打鬥場面的文學語言，形象地喻指關公生前金戈鐵馬、疆場奮戰和殁後伏魔蕩寇、持危扶顛的情形。至於“江海”和“斗牛”，借指天、地。“震”和“清”，都是一種形容。如此，不難發現：撰聯者是由殿内紫香飄拂、紅燭摇曳的静謐景象，自然而然地升騰一種飛動的思緒，或者説産生一種宏大寬闊的聯想，進而巧妙地將關公生前揮刀躍馬、馳騁疆場、英勇奮戰、威震乾坤的壯闊畫面，和關公殁後英靈常昭、蔭庇蒼生的靈异現象，幻化在人們眼前。使人不禁感同身受，浮想聯翩。

聯語構思奇特，想像豐富，心裁别出，出語驚人，由“氛圍之静”，而生“思緒之動”；由“情景之實”，而升“聯想之虚”；借“神俠之詞”，而贊“乾坤之威”。用語上力避“直白”，不落窠臼，情隨景生，意由文出，情意交融，委婉含蓄。

關廟遍四海，楹聯有萬千。如果説，于右任先生當年爲一座海外關廟所題的“忠義二字團結了中華兒女，春秋一書代表着民族精神”，是現代人所撰關廟楹聯中立意最高、概括力最强、意義最爲深遠的一聯，而此聯的構思之巧、文辭之佳、意象之美，也爲古代關廟楹聯中極少見。

夫盡忠子盡孝豈不謂賢乎
義
廟

關娘娘殿

九靈殿

【説明】

此匾懸於關娘娘殿明間門楣。木質，横式，規格爲 180 厘米 ×70 厘米。紅地金字。正書，字徑 40 厘米。

【注釋】

九靈：擷取於關夫人封號。據史料記載，明萬曆四十二年（1614），加封關羽“三界伏魔大帝神威遠震天尊關聖帝君”，同時加封關夫人爲“九靈懿德武肅英皇后”，長子關平爲“竭忠王”，次子關興爲“顯忠王”。

生何氏歿何年蓋弗可考矣
夫盡忠子盡孝豈不謂賢乎

【説明】

此聯懸於九靈殿明間中柱。木質，規格爲 213 厘米 ×30 厘米。行書。字徑 18 厘米。上款題："解州關帝廟古聯。"下款署："己亥（2019）仲夏　十三家敬獻　趙玉漢恭書。"

據記載，聯原在解州關帝廟娘娘殿，清解州知州江闓作。關公夫人，史籍不載。不過，據清代《漢前將軍壯繆侯關聖帝君祖墓碑銘》和解州當地民間傳説，此人姓胡，名金定，本州人氏。殿内塑像即關夫人像。

塑像爲帝后裝，依明萬曆四十二年（1614）所封"九靈懿德武肅英皇后"塑造。像高 250 厘米，垂足坐式，頭戴鳳冠，身著霞帔，腳穿紅色雲頭履，凝神端坐。面相端莊，臉龐圓潤，秀目澄澈，柳眉斜描，神態安詳。服飾豔而不浮，綫條流暢飄逸。既有唐塑餘韻，又兼宋塑風格，堪稱我國清代彩塑之絶佳精品。

隨親孝義淳

關平殿

關平殿（局部）

竭忠殿

【説明】

此匾懸於關平殿明間門楣。木質，横式，規格爲 120 厘米 ×60 厘米。紅地金字。行書，字徑 36 厘米。“竭忠”爲關平封號。

報國忠心壯
随親孝義淳

【説明】

此聯懸於關平殿兩側。木質，規格爲178厘米×25厘米。黑地金字。行書。上款題：“《三國演義》羅貫中語。”下款署：“庚子（2020）仲夏卜達天敬獻　趙玉漢恭書。”并鈐“趙”“玉漢”兩印。聯語源自羅貫中對關平的評價，贊揚其報國盡忠、事親盡孝的良好美德。

何必壽喬松

關興殿

關興殿（局部）

顯忠殿

【説明】

此匾懸於關興殿明間門楣。木質，横式，規格爲 120 厘米 ×60 厘米。紅地金字。行書，字徑 36 厘米。“顯忠”爲關興封號。

但存忠孝節
何必壽喬松

【説明】

此聯懸於關興殿兩側。木質，規格爲 178 厘米 ×25 厘米。黑地金字。行書。上款題：“《三國演義》羅貫中語。”下款題：“庚子（2020）仲夏卜達天敬獻　趙玉漢恭書。”并鈐印兩枚。

聯語意謂：一心保存盡忠盡孝的氣節，就是不能像松柏一樣長壽也没關係。源自羅貫忠對關興的評價。

光昭散葉宗功萬載世澤長

聖祖殿

聖祖殿

【説明】

此匾懸於聖祖殿明間門楣。木質，橫式，規格爲 250 厘米 ×120 厘米 ×10 厘米。藍地金字。行書，字徑 60 厘米。下款署“文達書”，并鈐方形朱文名印一枚。

文達，即已故著名書法家徐文達先生。曾任山西省博物館館長、山西省文化局副局長等職。書學傅山 (1607—1684)，用筆流暢，字體優美，章法嚴謹。傅山，初名鼎臣，原字青竹，後改名爲山，字青主，一字仁仲，别字公之佗，號朱衣道人。其書法博采諸家之長熔於一爐，真、草、隸、篆、行各體無所不精。

聖祖殿，是奉祀關公先祖之所。在關娘娘殿之後，爲天下所有關廟中獨一無二之建築。建於清乾隆二十八年（1763）。面寬三間，進深三椽，懸山式屋頂。殿内塑有關公始祖關龍逄，曾祖、祖、父及其三代夫人像。手法簡潔，概括力强。

忠諫開枝祖德千秋流芳遠
光昭散葉宗功萬載世澤長

【説明】

此聯懸於聖祖殿明間中柱上。木質，規格爲 183 厘米 ×30 厘米。紅地金字。行書。上款題：“辛丑（2021）仲夏楊明珠撰。”下款署：“運城市關氏後裔聯誼會敬獻　會長關森柱恭書。”

聖祖殿神龕

詒謀繩武

【説明】

此匾懸於聖祖殿神龕上方。木質，横式，規格爲 210 厘米 ×110 厘米 ×4 厘米。黑地金字。行書，字徑 35 厘米。上款題“嘉慶丁巳（1797）九月”，“嘉”字旁鈐竪式長方閑印一方；下款署“州牧胡龍光敬書”，下鈐朱文和白文印各一枚。

【注釋】

詒謀：出自《詩經 · 大雅 · 文王有聲》：“詒厥孫謀，以燕翼子。”意思是：周武王留下了遠大的謀猷，用來安定、保護他的子孫。詒：傳給；遺留。謀：計謀；策劃。

繩武：出自《詩經 · 大雅 · 下武》：“昭兹來許，繩其祖武。”繩：繼續。武：足迹。意思是踏著祖先的足迹繼續前進。比喻繼承祖業。

古有聯曰：繩武光前烈，詒謀奕世亨。

關聖始祖夏大夫忠諫公之神位

【説明】

此牌置於聖祖殿神龕内關龍逄塑像前。木質，斗形，規格爲 127 厘米 ×43 厘米。緑地金字。正書。字徑 7 厘米。年代不詳。

始祖夏大夫忠諫公，即夏代末年忠臣關龍逄。因不滿夏桀暴行極力進諫，被炮烙而死。清乾隆二十一年（1756）刊印的《解梁關帝志 · 譜系考辨》云："關氏之先，出夏大夫關龍逄。一云關令尹喜之後也。"據《中國人名大辭典》"關龍逄"條記載："桀爲長夜之飲，龍逄常引黄圖以諫，立而不去。桀曰：'子又妖言矣。'於是焚黄圖，殺龍逄。"歷史文獻上有關他的記述還有：

《莊子 · 人間世》："昔者桀殺關龍逄。"

《韓詩外傳》："桀爲酒池，可以運舟，糟丘足以望十里而牛飲者三千人。關龍逄進諫，立而不去朝，桀囚而殺之。"

《玉函山房輯佚書 · 符子》："桀觀炮烙之刑於瑶台，龍逄諫之，桀遂以炮烙殺龍逄。"

《潛夫論》："祝融子孫分爲八姓，己姓之嗣飂叔安，其裔子曰董父，實甚好龍，乃學擾龍以事帝舜，賜姓曰董，氏曰豢龍……豢龍逄以忠諫，桀殺之。"

若關公真爲龍逄後代，當出於董氏。牌位上所書"忠諫公"，并非皇家贈謚號，所據可能即是《潛夫論》。

殿内的關龍逄塑像，高 220 厘米，垂足坐式。頭梳高髻，金環緊束，肩著雲帔，項戴玉佩，身穿圓領長裳，足踏雲頭履，捧笏而坐。此像面相長圓，面色如鐵，額微凸，高顴骨，深眼窩，三縷長髯拂於胸前。藝術造型和神韵達到奇古逼真、超凡脱俗之境地。

敕封關聖
曾祖父光昭公
祖父裕昌公
父成忠公
之神位

【説明】

此牌置於聖祖殿東次間神龕内關公三代先祖塑像前。木質，斗形，規格爲 112 厘米 ×30 厘米。藍地金字。正書，字徑 7 厘米。年代不詳，疑爲清代之物。

關公三祖像皆爲垂足坐式。頭戴梁冠，項繫玉環金華，分别身着青、紅、緑三色圓領長袍，腳踏雲頭履，横向而坐。中爲光昭公，高 205 厘米；東爲裕昌公，高 200 厘米；西爲成忠公，高 200 厘米。各像面相奇古，神情肅然，富有陽剛之氣。

據雍正三年（1725）《清實録 · 世宗憲皇帝實録》（卷之三十一）記載志："禮部議覆：給事中李蘭條奏，追封關帝祖父爵號。據稱《聖迹圖志》一書所載，關帝係夏臣關龍逄後裔。祖諱審，父諱毅。世居解梁常平村寶池里等語。查《聖迹圖志》，乃係近時盧湛所撰，與正史不合。尊崇正神，理宜詳慎。亞聖孟子之父，未詳名諱，止稱先賢孟孫氏，所以闕疑也。應照此例，追封關帝三代俱爲公爵。牌位止書追封爵號、不著名氏。於京師白馬關帝廟後殿供奉，遣官告祭。其山西解州、河南洛陽縣冢廟，并各省府州縣，擇廟宇之大者置主供奉後殿，春秋二次致祭。從之。"

又，咸豐五年（1855）《清實録 · 文宗顯皇帝實録》（卷之一百七十一）："諭内閣：太常寺奏，遵查關帝先代封爵，應否推崇加封請旨一摺。前以關帝神威顯佑，特加封號，并升入中祀。兹據太常寺查明關帝先代封爵，并應否援照文廟崇聖祠例加封，請旨定奪。自應敬謹加封，以示尊崇。關帝曾祖光昭公著加封爲光昭王，祖裕昌公加封爲裕昌王，父成忠公加封爲成忠王。所有應辦事宜，著該衙門查例具奏。"

敕封關聖曾祖父光昭公之神位
祖父裕昌公
父成忠公

關帝祖塋

石磐道院

【説明】

此匾懸於中條山祖塋門楣。木質，横式，規格爲 170 厘米 ×92 厘米 ×4.5 厘米。藍地金字。行書。上款爲：“時癸未年（2003）春。”下款署：“黃有泉題。”

據清解州州守朱旦作《關侯祖墓碑記》載：關羽祖父名關審，雅號“石磐公”。當他看到漢朝政權岌岌可危，遂隱遁山林，以《春秋》《易經》訓子，六十八歲時卒，葬於中條山腹地，并立有“漢壽亭侯關公祖考石磐公之墓”石碑一通，今墓、碑仍存。關羽祖考是否真實可信，研究者多有不同看法。但其葬地所在的這條山谷被當地稱作“石磐溝”。這裏山清水秀，風景極佳。

黃有泉，曾任運城市市委書記、運城市人大常委會主任。

散佚“聯額”

清《解梁關帝志》

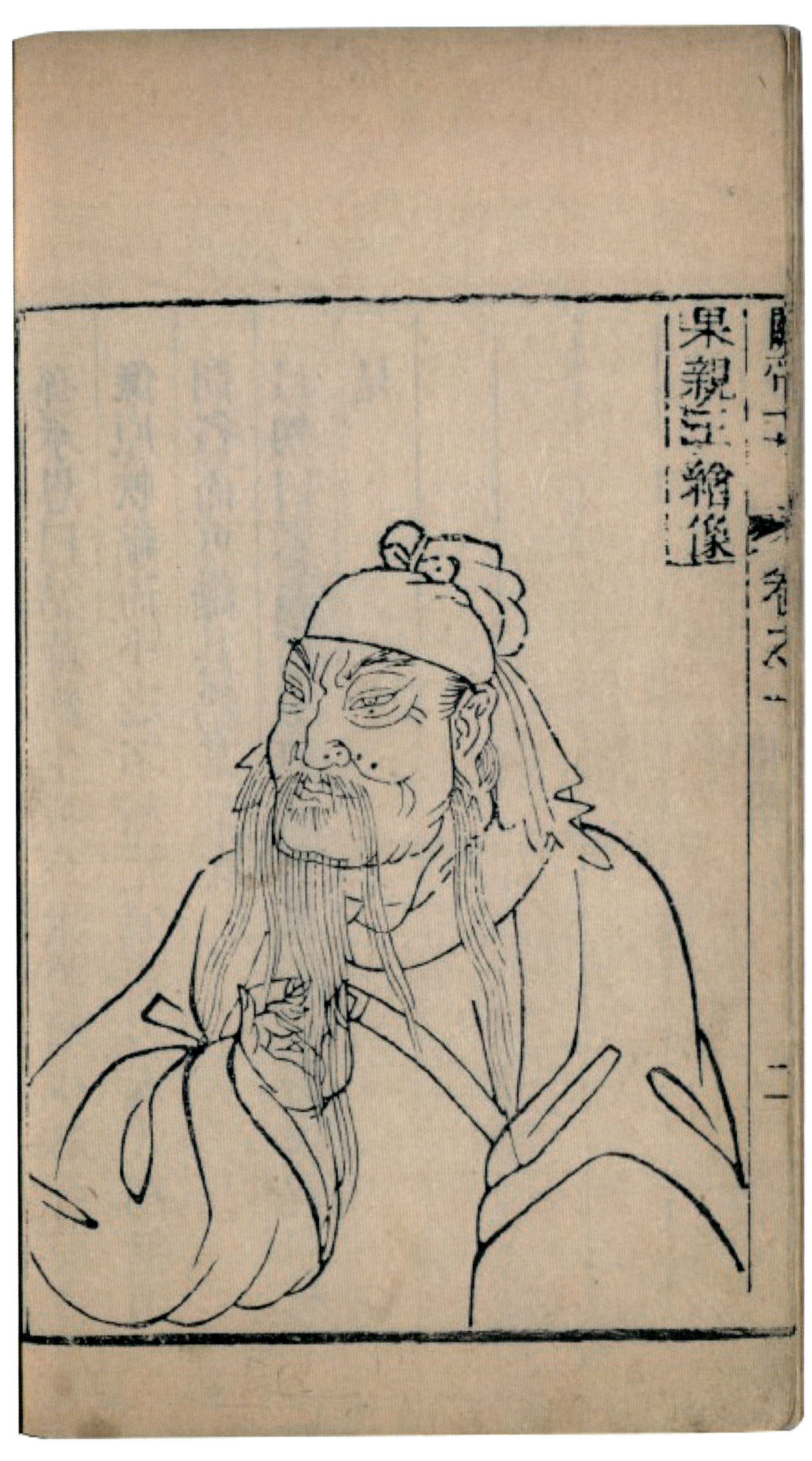

對聯

五夜何人能秉燭
九州無處不焚香　明神宗御製

爐化萬錢悲漢鼎
花開三月想桃園　失名

君臣義揭日銘心千古閟宮光俎豆
華夏威如雷灌耳四時陰雨見旌旗　郎中李開芳

才兼文武義重君臣恥與漢賊同天戮力遠開

英烈祠

【説明】

原在解州關帝廟，明萬曆乙未（1595）秋九月山西巡撫魏允貞立。

魏允貞（1542—1606），字懋忠，號見泉，明大名府南樂縣（今河南省南樂縣）人。明萬曆五年（1577）進士，與其弟允中、允孚（均爲進士）并稱“南樂三魏”。歷任許州判官、右通政、右僉都御史、山西巡撫、兵部右侍郎等職。卒謚“介肅”。

志在春秋

【説明】

原在解州關帝廟，明總督三邊右司馬李從心立。

李從心（1556—1630），號介石，祖籍朔州馬邑（今山西省朔州市），後遷居北直隸南樂（今河南省南樂縣），萬曆十九年（1591）辛卯科舉人，二十年（1592）壬辰科進士三甲。官至太子少保、工部尚書，曾任九江提督，總理河道，俗稱李總河，治理黄河專家、書法家。

明經匡漢

【説明】

原在解州關帝廟，明戎政少司馬李春光立。

李春光（1543—1621），字實吾，山西平陽府解州人。隆慶二年（1568）戊辰科進士，授保寧府推官，精明公廉，升户部主事，歷升陝西左布政使，擢都御史，巡撫延綏。官至兵部左侍郎。

忠扶漢鼎

【説明】

原在常平關帝廟，明河東巡鹽林祖述立。

林祖述，生卒年不詳，字道卿，浙江鄞縣（今浙江省寧波市鄞州區）人。進士。萬曆十八年（1590）官河東巡鹽御史。

天地綱常賸有丹心懸漢室
山河表裏獨存廟貌俯人寰

【説明】

原在常平關帝廟，明榆林巡撫都御史何東序作。

何東序，生卒年不詳，字崇教，號肖山，山西猗氏人。嘉靖三十二年（1553）進士。嘗守徽州，以右僉都御史巡撫延綏。喜作古樂府，有《九愚山房詩集》十三卷、《四庫總目》傳於世。

忠義激人心虯髯絳宇凛凛然蝴蝶寢交千古榻
精靈垂世運涑水條山洋洋乎枌榆廟祀萬年觴

【説明】

原在常平關帝廟，明南京禮部侍郎李維禎作。

李維禎（1547—1626），字本寧，湖北京山人。隆慶二年（1568）舉進士，由庶吉士授編修。初爲陝西右參議，遷提學副使，又任浙江、山西按察使，布政使（省最高行政官員），河西兵備督理。晚明著名文學家，文壇領軍人物。

【見明代白話短篇小説集《關帝歷代顯聖志傳》】

五夜何人能秉燭
九州無處不焚香

【説明】

原在解州關帝廟，明萬曆四十二年（1614）神宗朱翊鈞御制。或説爲北京地安門關廟聯。或説當陽關陵亦有此聯，且注明爲宋端宗趙昰所作。此人在位僅兩年半（1276—1278），死後一年而宋亡。如果此説無誤，那麼在有宋一代聯語尚不風行的情况下，皇帝能爲關公獻聯，確屬罕見。

【注釋】

五夜：即五更。古人把一夜分成五個階段。李善注引衛宏《漢舊儀》："中黄門持五夜，甲夜、乙夜、丙夜、丁夜、戊夜也。"

秉燭：指關公"秉燭達旦"夜讀《春秋》故事。

九州：中國的代稱。古代曾把中國分爲九個州。

焚香：喻祭祀。

才兼文武義重君臣耻於漢賊同天戮力遠開新帝業
威震華夏氣呑吴魏能使奸雄破膽忠魂常繞舊神州

【説明】

原在解州關帝廟，明郎中任瀚作。

任瀚（1501—1593），字少海，號忠齋，四川南充人。嘉靖八年（1529）進士，官翰林院檢討。與毗陵唐順之、慈溪陳束、晋江王慎中、平凉趙時春、富順熊過、章丘李開先、丹徒吕高，并稱"嘉靖八才子"。又與新都楊慎、富順熊過、内江趙貞吉，合稱"蜀中四大家"。爲人正直，爲官清廉。詩文俱佳，尤擅長聯。著有《春坊集》《釣台集》等。

【注釋】

漢賊：指曹操。

同天：即在同一青天之下。

戮力：努力；盡力。

華夏震明威此地自應崇俎豆
明星炳大義當年不愧讀春秋

【説明】

原在解州關帝廟，清和碩果親王作。

【注释】

和碩果親王，即愛新覺羅·允禮（1697—1738），原名愛新覺羅·胤禮，清康熙帝第十七子，雍正異母弟。工詩文，善書法。解州關帝廟有其詩碑。

君臣義揭日銘心千古閟宫光俎豆
華夏威如雷灌耳四時陰雨見旌旗

【説明】

原在解州關帝廟，李開芳作。經查，李開芳（1544—1622），别號還素，明代泉州人。萬曆十一年（1583）進士，授户部主事，晋郎中，督理北平糧儲。累遷廣東按察使、廣西左右布政使、南京太僕寺卿，進階大中大夫。“善詩文，工書法，能丹青，字以篆、隸見長，有李斯、程邈遺風。”（《中國名人大辭典》）

【注释】

閟宫：神廟之古稱，也泛指祠堂。閟，音 bì。

俎豆：俎和豆均爲古代祭祀、宴饗時盛食物用的禮器，亦泛指各種禮器。後引申爲祭祀和崇奉之意。

旌旗：亦作“旌旂”。旗幟的總稱，也借指軍士。

先武穆而神大宋千古大漢千古
後宣尼而聖山東一人山西一人

【説明】

原在解州關帝廟，柯九思作。或説舊平陽府關廟和現當陽關陵也有。

柯九思（1312—1365），一説其生卒年爲公元1290—1343年，元代著名書畫家。字敬仲，號丹丘生、五雲閣吏，台州人。文宗時官至奎章閣學士院鑒書博士。博學能文，善寫墨竹，師文湖州。槎芽竹石，師蘇東坡。長於山水、人物、花卉。畫大樹枝幹，皆以一筆塗抹，不見有痕迹，形神俱備。其蒼松翠柏，林木烟梢，古氣磅礴，别有淡逸之趣。凡内府所藏法書名畫，皆由其鑒定，又善鑒識金石。作品留傳至今的有《竹石圖》等。

【注釋】

武穆：南宋抗金名將岳飛。淳熙五年（1178）被追謚爲“武穆”，故又稱“岳武穆”。

宣尼：指孔子。孔子，名丘，字仲尼。唐玄宗開元二十七年（739）封孔子爲文宣王，因稱孔廟爲“文宣王廟”，明以後又簡稱爲“文廟”，主要是對“武廟（關帝廟或關帝、岳飛合祀廟）”而言。隨著歷代帝王的不斷褒封，孔子與關公并稱文武二聖。“宣尼”是對孔子的另一稱謂。

山東：孔子出生地。

山西：關公出生地。

前無古後無今繼闕里鍾靈大哉光漢家日月
畏其威懷其德自解梁毓秀巍乎壯故國河山

【說明】

原在解州關帝廟，清黄叔琬作。黄叔琬，順天大興人，康熙庚辰（1700）進士。曾任福建布政使等職。

【注釋】

闕里：孔子故里，在今山東曲阜城内。因有兩石闕，故名。孔子曾在此講學。後用作曲阜别稱。

鍾靈：靈氣所聚。鍾，匯聚。

畏其威懷其德：成語“畏威懷德”之意。即畏懼聲威，感念德惠。語出《國語·晋語八》：“民畏其威，而懷其德，莫能勿從。”

解梁：關公故里。

故國：祖國；故鄉。

溯三世以崇封苗裔永存義勇共山河争重
垂千秋而禋祀鑒觀如在英靈與日月同光

【說明】

原在解州關帝廟，清解州巡察静海厲宗萬作。作者生平未能盡詳。

【注釋】

溯：逆流而上。引申爲追求根源。

三世以崇封：指關公三代被追封。清雍正三年（1725）追封關帝曾祖爲光昭公，祖爲裕昌公，父爲成忠公。崇封，極高封謚。

苗裔：後代子孫。

義勇：見義勇爲的精神。

禋祀：古代祭祀天神的一種禮儀，這里泛指祭祀。

溯聖迹於鄉邦萬古常瞻廟貌
植人綱在宇宙歷朝咸仰忠心

【説明】

原在解州關帝廟，清甘國奎作。作者生平事迹未能盡詳。僅知自稱“野鶴”，雍正（1723—1735）間曾任浙江巡撫。

【注釋】

鄉邦：家鄉。

廟貌：《詩經 · 周頌 · 清廟序》鄭玄箋：“廟之言貌也，死者精神不可得而見，但以生時之居，立宫室象貌爲之耳。”因稱廟宇及神像爲“廟貌”。

人綱：指倫理綱常。綱，網繩。清和碩果親王詩碑有“英風貫金石，壯節植綱常”之贊。

咸：都。

仰：景仰。

喜遇風聖同鄉倘同朝共相軒轅平蚩尤何愁妖霧
惜與桓侯俱死若俱生留助諸葛削吴魏直掃殘雲

【説明】

原在解州關帝廟，清解州知州江闓作。江闓，字辰六，貴州人。據清乾隆《解州全志》記載，其於康熙三十年（1691）以舉人知解州，政績頗著。祀名宦。此人與關公似乎很有緣。據清袁枚《子不語》卷十三“關神世法”載：“康熙癸卯(1663)舉人江闓，選某縣令，丁憂婦。將起復時，夢有甲士來，自稱周倉，服飾如今廟中所塑而少年無須，手持名帖，上寫‘治年家弟關某頓首拜’。驚醒大笑，以爲關帝行此世法。未幾，選山西解梁知縣。往謁武廟，旁塑周倉，果少年無須者也，面貌恍如夢中。乃捐俸重修神廟，後竟卒于任所。江公即于九江太守之叔，太守爲余言。”

【注釋】

風聖：傳説中黄帝軒轅氏丞相，名後，指南車發明者，今解州社東人。《解州志》有載，但史書無考。今運城市芮城縣黄河岸邊有古渡曰“風陵渡”，歷來爲秦、晋、豫三省交通要衝，據傳説風後即葬於此，故名。

平蚩尤：即黄帝戰蚩尤故事。《解州志》有載，并且當地民間至今猶相傳，古時黄帝與蚩尤大戰就發生在解州一帶。當時，蚩尤大作妖霧，黄帝憑藉風後所造指南車衝出重圍，終將蚩尤斬首，於是蚩尤之血化爲鹵水，形成了如今具有數千年歷史的河東鹽池。因蚩尤於此被屍解，故此地有"解（州）"之稱。今鹽湖附近還有"蚩尤村""蚩尤冢"。據專家們從多方面研究考證，當年這場戰争的原因和目的，其實就是先民們爲了争奪人們賴以生存的食鹽資源即解池之鹽，而這個美麗的傳説，只不過是人們對它的成因所賦予的一種朦朧的認識。

桓侯：即張飛，爲其死後兒皇帝劉禪所封贈。

位號尊榮身後生前稱帝稱王稱侯英雄推古今獨步
綱常植立守經應變盡忠盡孝盡義正氣與天地同流

【説明】

原在解州關帝廟，清解州知州桂林人陳時作。作者生平事迹未能盡詳。據《解州全志》僅知："陳時，字遜修，廣西臨桂縣舉人。康熙五十三年（1714）任。修州志。"

【注釋】

位號：爵位與封號。

尊榮：尊貴和榮耀。

稱帝稱王稱侯：指關公歿後歷代帝王之追封。蜀後主劉禪於景耀三年（260）封其爲"壯繆侯"，宋真宗於大中祥符（1008—1016）間始封其爲"王"，至明萬曆（1573—1620）間明神宗又封其爲"帝"。

獨步：獨一無二，超衆出群。

守經：固守常法，堅持正道。

應變：適應時事變化；應付時態變化。

同流：一同流傳或傳布。

徹底一忠耿耿乎生死不相背負
横絶千古洋洋哉雲天常著英靈

【説明】

原在解州關帝廟，户部主事楊廷瓛作。作者生平事迹未能盡詳。

【注釋】

耿耿：忠誠貌。

背負：違背，負心。

洋洋：形容盛大、衆多；美盛貌。

山東夫子山西夫子瞻聖人之居條峰并泰岳同高
作者春秋述者春秋立人倫之至涑水與洙泗共遠

【説明】

原在解州關帝廟，清解州知州竟陵龔廷颺作。作者生平事迹未詳。

【注釋】

山東夫子：即孔子。儒家尊稱其爲“文夫子”。

山西夫子：即關公。儒家尊稱其爲“武夫子”。

條峰：即山西西南部運城境内的中條山。

泰岳：即東岳泰山。在山東境内。

人倫：封建社會之人與人之間的關係和應當遵守的行爲準則。

涑水：河名，在山西西南部運城境内。源出絳縣，流經聞喜、夏縣、安邑而入蒲州，長約 170 公里，爲季節性河流。

洙泗：山東兩河名。古時二水自今山東泗水縣北合流西下，至魯國國都曲阜北，又分爲二水，洙水在北，泗水在南，洙、泗之間，即孔子聚徒講學之所。後世因以“洙泗”代稱魯國的文化和孔子的“教澤”。

習左氏春秋學本家傳取義折衷乎東魯
扶漢朝宗祀志存正統編年論定于紫陽

【説明】

原在解州關帝廟，清解州知州孔傳忠作。據《解州全志》記載：“孔傳忠，浙江桐鄉進士。雍正三年（1725）任。”

【注釋】

左氏春秋：儒家經典之一，簡稱《左傳》。

家傳：家中時代相傳。

東魯：指孔子。

宗祀：宗廟與祭祀。這里代指蜀漢。

紫陽：本爲峰名，在安徽歙縣。宋代朱熹曾去紫陽書院講學，論史以蜀漢爲三國中正統、繼承漢業者。朱熹（1130—1200），字元晦，号晦庵，晚称晦翁，別称“紫陽先生”，世稱“朱文公”。南宋時期理學家、思想家、哲學家、教育家、詩人。

在天在地在人間到處顯英雄面目
護國護民護佛法此中通菩薩心腸

【説明】

原在解州關帝廟，清關中人唐世臣作。作者生平事迹未詳。

【注釋】

護佛法：陳、隋之間，關公顯聖于當陽，釋門遂將其列爲護法伽藍。

堪嘆奸雄相當年僭魏竊吴凄凄舊宅成荒草
何如忠義看此日封先蔭後赫赫休聲焕故鄉

【説明】

原在解州關帝廟，清本郡舉人喬壽愷作。作者生平事迹不盡詳，《解州全志》載：“喬壽愷，字令德，甲戌明通，寧武縣教諭。”有《謁帝廟》詩云：“條峰毓秀古河東，絶類超群孰與同？心契麟經昭大義，志維漢鼎矢孤忠。明威遠鎮雲山外，靈爽常憑渤澥中。盛世追崇同闕里，至今千載仰雄風。”

【注釋】

僭魏竊吴：指曹操事。僭，音 jiàn。超越身份，冒用地位在上者的職權行事。

凄凄：寒凉；凄愴。

封先蔭後：指關羽封贈事。

赫赫：顯赫盛大的樣子。

休聲：美好的名聲。

燭影長懸周日月英風萬古鬚眉在
爐烟不散漢風雲故土千秋草木香

【説明】

原在解州關帝廟，清副榜郡人馬允部作。作者生平事迹未詳。

侯於漢王於宋帝於明極人世尊崇總難酬滿腔忠義
蜀曰兄魏曰賊吴曰犬即言下予奪已括盡一部春秋

【説明】

原在解州關帝廟，清桑泉（金屬山西臨猗）人謝子公作。作者生平事迹未詳。

【注釋】

蜀曰兄魏曰賊吴曰犬：是説關羽視蜀（劉備）爲兄、視魏（曹操）爲賊、視吴（孫權）爲犬。

予奪：即給予和剥奪。

義折奸雄雙燭常明心日月
力存正統三巴猶是漢山河

【説明】

原在解州關帝廟，清桑泉人，費炳炎作。作者生平事迹未詳。

【注釋】

三巴：地名。東漢末益州牧劉璋分巴郡爲永寧、固陵、巴三郡，後又改巴、巴東、巴西三郡，稱爲三巴。相當於今四川嘉陵江和綦江流域以東大部。均爲蜀地，代指蜀漢。

一去故鄉何處不昭天目
常留生面於今猶見鬚眉

【説明】

原在解州關帝廟，清邵武推官馬淑援作。作者生平事迹未詳。《解州全志》録有其《謁常平廟》詩一首：“憶昔威儀整洛東，高光相望後先空。將軍虎踞雄江表，帝胄龍興跨漢中。湯沐漫言休故里，鬚眉如見動秋風。吞吴滅魏賫遺恨，鞠瘁還同諸葛公。”

【見清乾隆本《解梁關帝志》】

熏風

【説明】

原懸於結義園南隅小亭。

【注釋】

熏風：東南風。《吕氏春秋 · 有始覽》：“東南曰熏風。”相傳舜作有歌唱山西運城鹽池和人民生活關係的民歌《南風歌》：“南風之薰兮，可以解吾民之愠兮；南風之時兮，可以阜吾民之財兮。”《唐詩紀事》卷四十記載，唐文宗曾吟道：“人皆苦炎熱，我愛夏日長。”柳公權接道：“熏風自南來，殿角生微凉。”白居易《首夏南池獨酌》也有“熏風自南至”句。“熏風”和暖宜人，令人陶醉，在風水學上也是極好的。

教忠堂

【説明】

原懸於三義閣後一建築中，傳關公“忠義”之道。

秉正　尊王

【説明】

原懸於蓮池左、右舟亭。

【注釋】

秉正：持心公正。

尊王：尊崇王室。孔子是忠君尊王思想的宣導者、忠實的捍衛者和頑固的堅持者。春秋時周王室衰微，齊桓公、晋文公等相繼以“尊王”爲名，稱霸一時。

【見清乾隆四十二年（1777）《重新大廟增修結義園記》】

萬古綱常

【説明】

原刻于明萬曆四十八年（1620）創建的大廟之前的木牌坊。

【注釋】

綱常：就是三綱五常，簡稱綱常。實質性内容主要包含三方面，即：反映倫理關係的父爲子綱、夫爲妻綱；反映政治關係的君爲臣綱；概括社會基本道德觀念的仁、義、禮、智、信五常。

綱常是中國傳統社會政治生活的基本價值原則，它的實質是道德、倫理、政治的一體化。綱常産生于中國傳統宗法等級社會的歷史基礎之上，它和傳統社會的經濟、政治、文化生活是相適應的，對於當時社會政治的穩定有序，起到了積極的促進作用。適應與維護傳統政治的綱常也得到了歷代統治階層的大力提倡，并在政治、法律制度以及文教舉措中得到了充分的體現，使中國傳統政治呈現出濃厚的宗法倫理型特征。

義壯乾坤

【説明】

原刻於廟前東側木坊，清光緒三年（1877）毀於火災。

東華門　西華門

【説明】

分别爲二門之額牌，竪式。

二門位於廟内兩側廊廡腰間，門内恰是御書樓後檐與崇寧殿庭院。門廡隨環廊設置，是主廟通向東宫和西宫的必經之地。肇建于明萬曆三十六年（1608）關公被封“協天大帝”之後。歷經幾度重修，現存爲清道光至同治間遺構。

東、西華門本爲皇帝宫城門額，非寺廟門廡之名。解州關廟雖爲廟宇，實則多仿宫廷形制，故列此二門。

【見柴澤俊著《解州關帝廟》　2002年文物出版社出版】

解州關帝廟楹聯匾額文化綜述

中國的古建築，舉凡樓、臺、亭、閣或軒、榭、堂、館，楹聯匾額是不可缺少的組成部分，相當於古建築的眼睛。它的産生，是華夏文明的一種體現。由於楹聯匾額在建築物中占據了顯耀的位置，因此極受世人重視。

據《説文解字》所載："扁，署也，從户册。户册者，署門户之文也。""扁"是"匾"的古字。而"額"，即是懸於門屏上的牌匾。也就是説，用以表達經義、感情之類的屬於匾，而表達建築物名稱和性質之類的則屬於額。因此合起來可以這樣理解匾額的含義：懸挂於門屏上反映建築物的名稱和性質，表達義理、情感之類的文學藝術形式，并具有點綴裝飾作用的即爲匾額。

楹聯，又稱門對、對子、對聯等，一般指寫在紙、布上或刻在竹子、木頭上的對偶語句，古時多懸挂於樓堂宅殿的楹柱，故稱。其字數相同，結構相同，對仗工整，平仄協調，是一字一音、具有韵律感的漢語之獨特的藝術形式。楹聯傳説起源於桃符，歷史久遠。清·趙執信在《聲調譜》中明確指出："兩句爲聯，四句爲絶（句），始於六朝，元（原）非近體。"毋庸説，楹聯文化是中國傳統文化的重要組成部分，對於弘揚中華民族文化有着重大價值。

作爲"武廟之冠"的解州關帝廟建築群，地處山西省運城市，是我國現存始建最早、規模最大、檔次最高、保存最完整的關帝廟宇。解州關帝廟匾聯作爲這一古建群中一道靚麗的風景，彰顯了關公故里具有鮮明地方特色的關公文化，是解讀特定歷史時期關公信仰的歷史和文化見證。

解州關帝廟現存建築大多建於明清時期，在這些建築上遺存着各種各樣的楹聯匾額。其數量之大，價值之高，在全國乃至全球的關帝廟宇中都堪稱首屈一指，無出其右。關公歷來被民間百姓所崇奉，官方爲維護統治，便順用民意，對關公推崇備至。而在國家上層的大力宣導下，關公也因此愈加名正言順地得到廣大民衆的敬仰和崇奉。關公精神成爲中華民族傳統文化中最具生命力的行爲準則。在新的歷史時期，關公"忠義仁勇禮智信"的精神表征，彰顯了其獨特的文化和道德價值，更具鮮明的時代特色和借鑒作用。

解州關帝廟現存匾聯數量可觀，具有豐富的歷史文化内涵。綜合探析，主要包括三個方面：

一、作用類别方面

楹聯匾額按其作用類别來説，大致可以分爲三類：

首先是建築題名類。這可以説是匾額的一項最基本功能。匾額最早發源於秦漢，在當時，匾額常常以題名出現。據説秦漢時期建成的規模宏大的阿房宫中，殿閣宫舍等建築上的門匾就有多處。像解州關帝廟主體建築上懸挂的“午門”“御書樓”“崇寧殿”“麟經閣”等即屬此列。

其次是歌功頌德類。這一類在解州關帝廟中最爲常見。歷史上，關公由於代表了儒、釋、道三教均予認同的道德精神，是唯一被三教共尊的神靈。其不僅獲得了三界伏魔大帝、神威遠鎮天尊、關聖帝君等道教封號，和伽藍菩薩、護國明王、蓋天古佛等佛教頭銜，還成爲儒家與“文聖”孔子齊名的“武聖”和“夫子”。不管是官方還是民間，贊頌關公“忠義仁勇”精神品質的這類牌匾屢見不鮮，最常見的如“精忠貫日”“大義參天”等。而懸於御書樓後部卷棚下的“無二心”牌匾則與衆不同，是用另外一種表達來贊頌關公忠義精神和品質。所謂無二心就是指没有异心。文獻中多見，如：

《尚書·康王之誥》：“昔君文武，丕平富，不務咎，底至齊，信用昭明於天下。則亦有熊羆之士，不二心之臣，保乂王家。”

《舊唐書·魏征傳》：“臣聞爲國之基，必資於德禮；君子所保，惟在於誠信。誠信立則下無二心，德禮形則遠人斯格。然則德禮誠信，國之大綱，在於父子君臣，不可斯須而廢也。故孔子曰：‘君使臣以禮，臣事君以忠。’”

由此可見，“無二心”就是忠誠與信義。關公這種品質正體現了中華民族的精神表征，是增强中華兒女凝聚力的精神紐帶，正如解州關帝廟正門于右任先生所撰的那副楹聯：“忠義二字團結了中華兒女，春秋一書代表着民族精神。”

可以説，忠義是中華民族傳統文化中極具生命力的道德準則，在不同的時代，都有其存在的合理性和現實意義。

同時關公“萬人敵”的英勇氣概，也是世人敬重和崇奉的。廟中的石質牌匾“關聖義起”，源自關公當年在鄉里出於義憤，奮起怒殺惡霸的傳説。這也爲關公挺出解梁（解州，古稱解梁）在民間找到更爲合理的解讀方式。關於關公義起的原因，典籍文獻没有明確的説明，西晋·陳壽《三國志·關羽傳》，“關羽字雲長，本字長生，河東解人也，亡命奔涿郡”。清·張鎮《解梁關帝志》中也只是提到“避地奔涿郡”。元末明初·羅貫中的《三國演義》，開篇即爲《宴桃園豪杰三結義 斬黄巾英雄首立功》，更没有提及關公義起的緣由。而關公故里的民間傳説却對關公出走有自身的解讀：解州城巡護官吕雄，把當地百姓的水井都給填了，其險惡用心，就是讓大家只能去他家挑水。吕雄一旦看到漂亮年輕的媳婦姑娘就强行霸占了去。出於義憤，關老爺一怒之下殺了吕雄。爲躲避官兵追殺，關老爺遂過黄河，出潼關，奔涿郡。他的父母爲了不連累兒子，也跳井自盡了。後人爲紀念其父母，便在井上建了一座磚塔，這就是現在的常平祖宅塔。這個傳説爲關公的出走作了很好的解釋，傳説中所彰顯的關公拔刀相助、護佑民衆的品質，正迎合了民衆在當時社會的精神訴求。

第三是繪景抒情類。自古以來，先人就追求人與自然的協和情境。風水乃追求天、地、人三者的和諧統一，作爲中華文化的一個組成部分，是由中國古代先哲“仰觀天文、俯察地理、近取諸身、遠取諸物”的實踐、思考和感悟而建立的人與自然因地制宜、協調發展的理念。解州關帝廟建築群牌匾凸顯當地風水，形成了具有特定意義的信仰空間，如“山雄水闊”“山海鍾靈”。

解州關帝廟坐南朝北，南爲巍巍條山，北爲浩浩鹺海。中條山，横亘黄河北岸，“因西據華山，東接太行，此山居中，且狹而長，故曰中條。全長190 公里，蜿蜒曲折，峰巒叠嶂”。有較爲豐富的銅礦、鐵礦、金礦等資源，同時還有多達 22 種的豐富藥材資源。鹺海即爲河東（運城）“鹽池”，鹽爲生活必需品，運城池鹽也成爲國家財政收入的重要來源。在歷史上該地域占有食鹽生産的大量份額，“唐有鹽池十八，河東居其五，而有東西兩池之稱。在安邑者爲東池，在解州者爲西池。迄今池廟内猶奉東西二池神”。值得注意的是，關公作爲鹽池保護神的形象出現。據明萬曆四十五年（1617）《重修常平關帝廟記》載：“河東爲神京股肱郡，而鹽課歲入供北鄙軍實之半，且鹽生無煩煮海，立地凝粒，雖物瑞而實神功也。至扣所爲默相護持者，則惟漢荊王關帝是類。”解州潞鹽在唐代的運銷範圍就已經達到了今河北、河南、陝西、山西的大部分地區以及甘肅的一部分地區。金、元、明、清各代，解鹽在全國鹽業中均占有舉足輕重的地位。常平關帝廟木坊上的“秀毓條山”“靈鍾鹺海”，也是廟宇周邊的地理方位和自然環境的畫龍點睛之筆，不僅點明了關公故里的獨特風貌特征，而且藉以盛贊靈氣在此匯聚，實爲風水寶地。

二、捐獻群體方面

解州關帝廟中不僅彙集了君王、大臣等親筆題寫的楹聯匾額，還有不少名士、商人、工匠等民間各種行業者敬獻的楹聯匾額。這些數量衆多的匾聯都是還願和捐贈的，由此可見關公信仰在各個階層之中的影響之一斑。

官方匾聯：關公在生前戰功赫赫，其驍勇善戰的豪邁氣概和忠義仁勇的優秀品質，贏得了官方的青睞。統治者出於治理國家的需要，對其敕封的次數和級别在歷代人物中，是絶無僅有的。官方通過在關帝廟旌聯贈匾的方式，以彰顯關公的地位和價值。解州關帝廟有帝王匾額五件：

"神勇"匾額，懸於解州關帝祖廟崇寧殿前明間南檐下，匾中上沿當心有篆書"欽定"二字。據考，此匾可能爲清帝弘曆於乾隆三十三年（1768）敕封關公謚號"神勇"時親筆寫就。

"萬世人極"匾額，懸於解州關帝祖廟崇寧殿前明間南廊下，匾中上沿當心鈐有"咸豐御筆之寶"篆文朱印一方，爲清咸豐奕詝御書。

"義炳乾坤"匾額，懸於崇寧殿内前槽上隅二金柱之間，匾中上沿當心鈐有"康熙御筆之寶"印文一方。

"威靈震叠"匾額，懸於春秋樓内一樓神龕上方，周邊透雕精細，上沿爲二龍戲珠，兩側升龍蜿蜒，下沿爲丹鳳朝陽，纏枝牡丹貫穿四周，枝繁葉茂，花束怒放。雖無鎸刻年款和書丹者姓名，但據傳説爲清慈禧御筆所書。

"忠貫天人"匾額，懸於春秋樓二樓神龕上方，匾之上沿當心鈐有"和碩果親王寶"朱印一方。

同時，更多的匾聯是當地官員出於宣導的目的懸挂，在某種程度上，也是其自身政績的顯現。如言如泗，祖籍江蘇昭文，清乾隆年間（1736—1795）曾任聞喜、安邑、解州等地令守，敦促轄區撰寫方志、建立書院、維修廟宇、修葺城池、興修水利，對解州關帝祖廟和常平關帝祖祠尤其關注，其中"結義園""絶倫逸群"等匾額都出自其手。

民間匾聯：除官方頒賜的匾聯之外，都屬於民間匾聯的範疇。在解州關帝廟，民間匾聯不同於官方匾聯，主要表現在對關公神性的彰顯和祈求關公的護佑上。如：

"聖神武文"牌匾，是由介邑綢鋪聚錦良、昌裕和、成章協共同捐獻的。

"普濟商民"牌匾，是十八家商號（昆裕德、裕厚泰、慶泰合、天德元、萬順源、敬成元、自立榮、益記號、自立忠、敬信義、晋益合、敬興吉、德懋興、敬信瑞、德盛合、永義長、德懋祥、敬益永）共同捐獻的，凸顯了關公作爲行業保護神的神職角色。

"靈護梓輪"牌匾，也很有趣。梓輪爲木工的别稱，可見關公已成爲這一行業的保護神。

“五禱五應”牌匾，由二十三位祈雨者集體敬獻，凸顯了關公作爲雨神的這一神職角色。

“降福延年”匾額，彰顯了關公的神奇。匾上題記云：

民（國）拾五年西安圍困數月，人無生氣。鑑祥與五弟皆以業商，均在其內。二老在家憂念萬狀，亦屬無可如何。祥於七月念中授號命乘間出圍，卒幸平安渡河抵解，得瞻神靈。跪拜之餘，默祝福佑，虔祈與二老益壽。今玖載矣，父年七旬，母年六旬有七，均慶康健。夫非神恩之普護歟？！無以銘之，特製錦旗，以感不忘云。

郇陽王合順堂弟子敬仰。中華民國廿四年孟春上浣穀旦。

可見，民間所敬獻的匾聯，更多的是凸顯關公的保護神角色，以祈求護佑賜福。

三、藝術價值方面

我國的楹聯匾額起步於兩漢時期，發展於唐代，完備於宋代，興盛於明清時期。自有楹聯匾額以來，它就與我國人民的文化生活密不可分，與建築、民俗、文學、藝術、書法相結合，深入社會生活的各個方面。楹聯匾額這一藝術形式，把辭賦詩文、書法鐫刻融爲一體，語言簡練，文采激揚，寫意抒情，其言表狀物，寓意深邃，具有極大的藝術感染力。

從文字内容來看，解州關帝廟楹聯匾額吸取了中國傳統古典文化的精華。如：

“危者使平”，語出《易經 · 系辭下》：“《易》之興也，其當殷之末世，周之盛德邪？當文王與紂之事邪？是故其辭危，危者使平，易者使傾。”

“帝德廣運”，語出《尚書 · 大禹謨》：“帝德廣運，乃聖乃神，乃武乃文。”

“寸心千古”，語出唐·杜甫《杜工部草堂詩箋 · 偶題》：“文章千古事，得失寸心知。”

從意境表達來看，常平關帝廟崇寧殿神龕的楹聯：“紫霧盤旋劍影斜飛江海震，紅霞繚繞刀芒高插斗牛清。”便顯示出超凡的藴味。

聯語中的“紫霧盤旋”和“紅霞繚繞”，是指殿内飄拂的紫香與搖曳的紅燭。而“劍影斜飛”“刀芒高插”，是借武俠小說、神話故事中常見的用以描繪打鬥場面的文學語言，形象地喻指關公生前金戈鐵馬、疆場奮戰和歿後伏魔蕩寇、持危扶顛的情形。至於“江海”和“斗牛”，借指天、地。“震”和“清”，都是一種形容。如此，不難發現：撰聯者是由殿内紫香飄拂、紅燭摇曳的静謐景象，自然而然地升騰一種飛動的思緒，或者説産生一種宏大寬闊的聯想，進而巧妙地將關公生前揮刀躍馬、馳騁疆場、英勇奮戰、威震乾坤的壯闊畫面，和關公歿後英靈常昭、蔭庇蒼生的靈异現象，幻化在人們眼前。使人不禁感同身受，浮想聯翩。

聯語構思奇特，想像豐富，心裁别出，出語驚人，由“氛圍之静”，而生“思緒之動”；由“情景之實”，而升“聯想之虚”；借“神俠之詞”，而贊“乾坤之威”。用語上力避“直白”，不落窠臼，情随景生，意由文出，情意交融，委婉含蓄。

關廟遍四海，楹聯有萬千。如果説，于右任先生當年爲一座海外關廟所題的“忠義二字團結了中華兒女，春秋一書代表着民族精神”，是現代人所撰關廟楹聯中立意最高、概括力最强、意義最爲深遠的一聯，而此聯的構思之巧、文辭之佳、意象之美，也爲古代關廟楹聯中極少見。（引自本卷正文）

從書法角度來看，解州關帝廟楹聯匾額也頗有價值。據説秦始皇時，書體定爲八種，即大篆、小篆、刻符、蟲書、摹印、署書、殳書和隸書。署書又稱榜書，就是寫匾額用的字體。解州關帝廟現存匾額字體以楷體爲主，同時又有行楷、魏楷、榜書、正書、隸書。匾額字體或章法有度、端莊肅穆，或筆法遒勁、氣勢磅礴，或圓潤豐滿、雍容大度，實乃中國傳統書法的集大成者。

另外，解州關帝廟這些數量衆多的匾額，按形式分，可分爲横匾和竪匾。按材質分，有木質、石質和金屬等質地。按匾文的外形裝飾則可分爲有框匾和無框匾，有框匾的邊框又分素平、雕刻與描金等。可以説，解州關帝廟楹聯匾額是融漢語言、漢字書法、傳統建築、雕刻技巧於一體，集思想性、藝術性於一身的綜合藝術作品。

總之，楹聯匾額是中國古典文化一個靈動的縮影，是建築物的靈魂和眼睛，是用來表達喜好、義理、情感之類的文學形式。解州關帝廟的楹聯牌匾更是我國民族文化的重要標志。在封建社會中，關公文化是最高統治者教化天下的正統道德思想，關聖大帝也是帝王向萬民宣導的道德楷模。賞析解州關帝廟的楹聯匾額，對關公及關公文化會有更深刻的理解。

（作者：趙　磊　　楊　飛）

附録：

解州關帝廟楹聯匾額一覽表

序號	内容	質地	規格	字體	時代	相關人員	位置
1	關帝廟	木	横式，規格爲 208×137 厘米 藍地金字	正書	二〇〇五年春	楊琦摹刻	懸於祖廟入口處建築檐下
2	精忠貫日 大義糸天	木	規格爲 204×36 厘米 紅地金字	魏楷	二〇一四年	馬光學仿製	位於祖廟入口處
3	關帝廟	木	竪式，規格爲 300×80 厘米	榜書	二〇一四年秋	馬光學仿製	懸於祖廟入口大門正上方
4	忠義二字團結了中華兒女 春秋一書代表着民族精神	木	規格爲 256×30 厘米 紅地金字	行書	二〇〇五年春	楊明珠集于右任書體，楊琦摹刻	懸於祖廟入口大門
5	司福掌財	木	横式，規格爲 230×133 厘米 紅地金字	行書	二〇一四年仲春	福建石狮蚶江林志慶 闽台船务王美佳 原旭东敬書	懸於關帝廟入口背面正上方門額
6	仰荷神恩	木	横式，規格爲 230×133 厘米 紅地金字	行書	二〇二一年關帝聖诞	福建省泉州市四山朝拜 杨明珠書	懸於關帝廟入口背面西次間門額
7	結義園	木	横式，規格爲 423×125 厘米 藍地金字	正書	清乾隆二十七年（1762）	知州言如泗書	結義園木牌坊正面明樓華板當心題刻
8	山雄水濶	木	横式，規格爲 423×125 厘米 藍地金字	楷書	清乾隆二十七年（1762）	知州言如泗書	結義園木牌坊背面明樓華板當心題刻
9	君子亭	木	横式，規格爲 222×121 厘米 藍地金字	行書	己卯（1999）秋月	郭士星書	懸於君子亭門楣
10	忠義千秋	木	横式，規格爲 180×330 厘米 藍地金字	正書	丁亥年（2007）秋月	美国夏威夷潮州商會	懸於君子亭内正上方
11	弍分砥柱	石	横式，規格爲 139×77 厘米	篆書	不詳	不詳	結義園影壁上方題刻
12	對日	石	横式，規格爲 89×60 厘米	正書	不詳	不詳	結義園影壁右券門南面題額
13	緑深	石	横式，規格爲 82×67 厘米	隸書	不詳	不詳	結義園影壁右券門北面題額

續表 1

序號	内容	質地	規格	字體	時代	相關人員	位置
14	結義亭	木	横式，規格爲 170×86 厘米 黑地金字	行書	己卯（1999）秋月	郭士星書	懸於結義亭北門楣
15	結義亭	木	横式，規格爲 170×86 厘米 黑地金字	行書	不詳	汪國真	懸於結義亭南門楣
16	關帝廟	石	横式，規格爲 195×61 厘米 黑地紅字	正書	不詳	不詳	端門正面明間當心題刻
17	扶漢人物	石	横式，規格爲 192×60 厘米 黑地紅字	魏楷	不詳	不詳	端門背面明間當心題刻
18	精忠貫日	石	横式，規格爲 180×60 厘米 黑地紅字	魏楷	明嘉靖二十七年（1548）仲夏	高陵吕柟書 郡人王守春立石	端門次間正、背兩面當心題刻
19	大義条天	石	横式，規格爲 188×60 厘米 黑地紅字	魏楷	不詳	高陵吕柟書 郡人王守春立石	端門次間正、背兩面當心題刻
20	鐘樓	木	横式，規格爲 198×95 厘米 紅地金字	正書	不詳	不詳	雉門前甬道東頭鐘樓樓額
21	鼓樓	木	横式，規格爲 198×95 厘米 紅地金字	正書	不詳	不詳	雉門前甬道西頭鼓樓樓額
22	關聖義起	石	横式，規格爲 120×49 厘米 黑地紅字	行書	不詳	不詳	兩方，分别題刻於鐘、鼓樓墩台磚砌券門（外）之額
23	萬代瞻仰	石	横式，規格爲 280×100 厘米	正書	崇禎拾年（1637）肆月初捌日建	郡山人趙鼎書	鐘樓東側石牌坊正面上方題額
24	正氣常存	石	横式，規格爲 300×50 厘米	行楷	崇禎十年（1637）四月	郡儒官 張治化書	鐘樓東側石牌坊背面上方題額
25	威震華夏	木	横式，規格爲 436×131 厘米	榜書	同治八年（1869）孟秋	州守朱煐重修	鼓樓西木牌坊明樓華板正、背兩面當心題額
26	關帝廟	木	竪式，斗形，規格爲 320×152 厘米 紅地金字	榜書	不詳	不詳	雉門匾額
27	文經門	木	竪式，斗形，規格爲 293×120 厘米 紅地金字	榜書	不詳	不詳	文經門匾額

續表 2

序號	内容	質地	規格	字體	時代	相關人員	位置
28	武緯門	木	竪式，斗形，規格爲 293×120 厘米紅地金字	榜書	不詳	不詳	武緯門匾額
29	崇聖祠	木	竪式，斗形，規格爲 216×99 厘米紅地金字	榜書	不詳	不詳	崇聖祠門匾額
30	崇功高峻直與條山共永 聖德昌隆恰隨鹺海長光	木	規格爲 260×29.5 厘米	行書	丙戌年（2006）秋月	楊明珠撰聯 古絳州王陸書 印尼華僑楊闕秀容敬獻	懸挂於崇聖祠明間中柱
31	仰忠諫發脉流徽宗功浩大 緬光昭啟绪衍祥祖德緜長	木	規格爲 260×37.5 厘米 紅地藍字	行書	丙戌年（2006）秋月	楊明珠并識 香港陸志華 陸邱惠南敬獻	懸於崇聖祠正殿明間中柱
32	忠義奕世	木	横式，規格爲 100×200 厘米 紅地藍字	行書	不詳	楊闕秀容 楊義生 楊忠生 楊翠楓敬獻 王陸書	懸挂於崇聖祠正殿内闕氏始祖闕龍逄神龕上方
33	周太師尚父武成王之神位	木	斗形，規格爲 166×96 厘米 藍地緑字	楷書	不詳	不詳	置奉於崇聖祠
34	勅封闕帝曾祖光昭王神位	木	斗形，規格爲 203×96 厘米 藍地金字	正書	不詳	不詳	置奉於崇聖祠
35	勅封闕帝祖裕昌王神位	木	斗形，規格爲 203×96 厘米 藍地金字	正書	不詳	不詳	置奉於崇聖祠
36	勅封闕帝考成忠王神位	木	斗形，規格爲 203×96 厘米 藍地金字	正書	不詳	不詳	置奉於崇聖祠
37	闕壯穆侯之神位	木	斗形，規格爲 149×76 厘米 紅地金字	正書	不詳	不詳	置奉於崇聖祠
38	供奉漢闕夫子 昭烈皇帝 丞相武矦 桓矦張夫子老爺 之神位	木	斗形，規格爲 100×80 厘米 藍地紅、金字	正書	不詳	不詳	置奉於崇聖祠

續表 3

序號	内容	質地	規格	字體	時代	相關人員	位置
39	岳忠武王之神位	木	斗形，規格爲 149×76 厘米 紅地金字	正書	不詳	不詳	疑置奉於關岳廟
40	胡公祠	木	斗形，規格爲 113×88 厘米 紅地金字	正書	不詳	不詳	置奉於胡公祠
41	武廟之祖	木	横式，規格爲 303×96 厘米 紅地金字	美術字體	二〇〇一年十月十八日	中華道教關聖帝君弘道協會暨臺灣宜蘭礁溪協天廟會長主任委員吴朝煌等	懸雉門内
42	全部春秋	木	横式，規格 307×155×9 厘米 紅地金字	正書	民國五年（1916）	後學李甲鼎敬題	懸雉門後部樂樓（戲臺）明間金柱門楣
43	演古	木	横式，規格爲 102×85 厘米 藍地紅字	正書	不詳	不詳	雉門後部樂樓上場門題額
44	證今	木	横式，規格爲 102×85 厘米 藍地紅字	正書	不詳	不詳	雉門後部樂樓下場門題額
45	午門	木	斗形，竪式，規格爲 184×96 厘米 紅地金字	行楷	不詳	不詳	懸於午門正面檐下
46	午門	木	横式，規格爲 252×132 厘米 紅地黑字	行楷	不詳	不詳	懸於午門背面檐下
47	普濟商民	木	横式，規格爲 320×190×9 厘米 黑地金字	行書	中華民國貳拾年（1931）九月	昆裕德 裕厚泰 慶泰合 天德元 等	懸午門東次間
48	乾坤正氣	木	横式，規格爲 222×104×4 厘米 黑地緑字	行草	中華民國十六年（1927）九月	本邑弟子孫楚謹叩	懸午門明間
49	威震華夏	木	横式，規格爲 240×127×6 厘米 黑地金字	行楷	民國二十四年（1935）十月十五日	芮城縣陌南鎮信士張馬氏為子孔文病敬叩	懸午門東次間
50	氣塞兩間	木	横式，規格爲 223×109×4 厘米 黑地金字	魏楷	中華民國二十四年（1935）九月	信女孫張淑麟沐浴敬叩	懸午門西次間
51	乾坤正氣	木	横式，規格爲 283×115 厘米 黑地金字	行書	戊寅年（1998）五月	福建石獅蚶江忠仁廟九怪山人李仲安書	懸午門南次間

續表 4

序號	内容	質地	規格	字體	時代	相關人員	位置
52	忠義仁勇	木	横式，規格爲318×103 厘米黑地金字	行楷	一九九八年歲次戊寅桂月	福建省石獅市大崙村德義廟	懸午門西次間
53	福彌蒼生	木	横式，規格爲334×193 厘米黑地金字	行楷	辛巳年（2001）農曆八月十三日	河東龍居羅義人寧新院敬獻 景克寧題 絳州萬安王陸書	懸午門東次間
54	四海共仰	木	横式，規格爲330×190 厘米黑地金字	行楷	二〇〇一年九月	劉永貴 劉長命 馬平定 劉克功 馬林山敬賀 河東賈起家敬書	懸午門西次間
55	天道酬仁	木	横式，規格爲336×198 厘米黑地金字	行楷	二〇〇三年五月十八	河津市忠信村薛建康敬獻	懸午門明間
56	蔭庇萬代	木	横式，規格爲292×170 厘米黑地金字	行書	二〇〇三年十月	張克賢闔家敬獻 裴川石書	懸午門西次間
57	千秋丕範	木	横式，規格爲300×198×7 厘米藍地金字	行書	甲申（2004）穀旦	賴克游 張輝恭獻	懸午門東次間
58	國賊數操誰曰不然顧權無以異也 張撻伐建綱常天地低昂神鬼泣 聖鄉説魯夐乎尚已惟解亦相侔焉 仰威靈明祀事山川磅礴廟堂巍	木	規格爲380×51×3.2 厘米 黑地緑字	隸書	民國二十一年（1932）春日	署理解縣縣長晋城郭象蒙敬題	懸挂於午門明間中柱上
59	力扶漢鼎道闡麟經秉忠義伐魏拒吴統南北東西四海咸欽帝君仙佛 氣禀乾坤心同日月顯威靈伏魔蕩寇合古今中外萬民共仰文武聖神	木	規格爲380×51×3 厘米 紅地金字	行楷	不詳	不詳	懸挂於午門東、西次間北檐柱
60	精忠貫日	木	横式，規格爲223×65 厘米	正書	不詳	不詳	樂樓外午門前東路木坊正、背兩面題額

續表 5

序號	内容	質地	規格	字體	時代	相關人員	位置
61	大義条天	木	横式，規格爲 223×65 厘米	正書	不詳	不詳	樂樓外午門前西路木坊正、背兩面題額
62	山海鍾靈	木	横式，規格爲 225×70 厘米	正書	不詳	不詳	御書樓前中軸綫上木坊正面題額
63	如在其上	木	横式，規格爲 225×70 厘米	正書	不詳	不詳	御書樓前中軸綫上木坊背面題額
64	御書樓	木	斗形，竪式，規格爲 184×93 厘米紅地金字	榜書	不詳	不詳	懸御書樓正面二層檐下
65	萬代瞻仰	木	横式，規格爲 220×100×3 厘米黑地金字	正書	光緒貳年（1876）榴月	仁和弟子龔浩謹書	懸於御書樓南檐下
66	國魂	木	横式，規格爲 340×160 厘米緑地金字	行書	乙亥（1995）金秋	蘇士澍書	懸於御書樓南金柱門楣
67	聖神武文	木	横式，規格爲 380×190×7 厘米黑地金字	行書	道光十九年（1839）歲次己亥四月	介邑綢鋪聚錦良 昌裕和 成章協謹叩	懸於御書樓北金柱楣上内側
68	絶倫逸群	木	横式，規格爲 300×125×6 厘米紅地黑字	行草	不詳	言子七十五世孫如泗謹書	懸於御書樓北金柱門楣外側
69	無二心	木	横式，規格爲 252×97×5 厘米黑地金字	正書	乾隆七年（1742）歲次壬戌孟冬月	鈐命巡視河東鹽政内務府坐辦堂郎中加一級記録十一次吉慶敬題	懸於御書樓後部卷棚下
70	忠義条天	木	横式，規格爲 195×98×4 厘米黑地金字	隸書	丙子（清光緒二年，1876）仲春之月	河北省鉅鹿縣弟子馬繼崑頓首拜	懸於御書樓卷棚下
71	協天大帝	木	横式，規格爲 320×145×6 厘米黑地金字	正書	雍正七年（1729）歲次己酉仲秋	巡察山西户科掌印梁田火口盥手敬書	懸於御書樓北檐柱上方
72	崇寧殿	木	斗形，竪式，規格爲 186×86 厘米紅地金字	榜書	不詳	不詳	懸於崇寧殿二層檐下
73	神勇	木	横式，規格爲 316×150×8 厘米藍地金字	正書	乾隆三十三年（1768）	清乾隆弘曆書	懸於崇寧殿殿前明間南檐下

續表 6

序號	内容	質地	規格	字體	時代	相關人員	位置
74	萬世人極	木	横式，規格爲 403×195×16 厘米 金地藍字	正書	不詳	清咸豐奕詝書	懸於崇寧殿前明間南廊下
75	義炳乾坤	木	横式，規格爲 380×130×10 厘米 藍地金字	正書	清聖祖康熙三十七年（1698）	清康熙玄燁制	懸於崇寧殿内前槽上隅二金柱之間
76	協天大帝 伏魔大帝	木	竪式，規格爲 64×14 厘米 紅地金字	正書	不詳	不詳	二牌分别置於崇寧殿内神龕前臺面左右隅
77	司人間福禄 掌天下財源	木	竪式，規格爲 78×14 厘米	行楷書	不詳	不詳	此二牌分别置於崇寧殿内神龕前臺面左右隅
78	帝德廣運	木	横式，規格爲 348×168×5 厘米 黑地金字	正書	清光緒十七年（1891）歲次辛卯如月	鈐加運同銜誥授朝邑大夫陜西補用同知歷署寧羌 孝義 渭南 葭州篆務李修德百叩	懸崇寧殿内東次間
79	寸心千古	木	横式，規格爲 210×115×3 厘米	正書	清光緒二十七年（1901）歲次辛丑桂月	解州學正蒲阪展成章謹叩	懸於崇寧殿内東次間
80	義薄雲天	木	横式，規格爲 131×62×3 厘米 紅地緑字	行書	庚午（1990）秋	姚奠中書 臺灣石紫瑾獻	懸於崇寧殿内東次間
81	忠義參天	木	横式，規格爲 218×67×3 厘米 紅地金字	行書	癸酉年（1993）桐月	臺灣桃園聖義堂堂主蔡承亞 主任委員林建宏暨義子義女委員會一同敬獻	懸於崇寧殿内
82	正義參天	木	横式，規格爲 155×65×3 厘米 黑地金字	行書	一九九三年三月	台湾省土城乡天靈宫主持陳巫率衆弟子 敬贈	懸於崇寧殿内
83	天地正氣	木	横式，規格爲 127×50 厘米 黑地金字	行書	二〇〇二年七月	甘肅天水弟子何嘉叩	懸於崇寧殿内
84	剛健中正	木	横式，規格爲 248×114×5 厘米 黑地金字	正書	不詳	太谷匯泉阜吕致精謹叩	懸於崇寧殿明間南廊下

序號	内容	質地	規格	字體	時代	相關人員	位置
85	浩氣磅礴	木	横式，規格爲152×80×2.5 厘米 黑地金字	魏楷	中華民國三十三年（1944）元旦	解縣寧家莊陳憲度 虞鄉縣屯里村申俊耀 申俊秀 石衛村王舉明 榮河縣興王莊王滿鴻 信士沐浴謹叩	懸於崇寧殿明間南廊下
86	萬古精忠	木	横式，規格爲160×80×4.5 厘米 金地藍字	正書	光緒丁酉年（1897）巧月	芮邑馮村弟子陳文藻 陳文華敬叩	懸於崇寧殿明間南廊下
87	神靈默佑	木	横式，規格爲165×81×1.3 厘米 黑地金字	正書	黄帝紀元四千六百九年歲次辛亥（1911）冬月	秦隴復漢軍派赴東路山西招討使軍政部副長陳樹發薰沐題	懸於崇寧殿明間南廊下
88	忠義參天	木	横式，規格爲276×130×6 厘米 紅地金字	行楷	清同治四年（1865）歲次乙丑四月	雙成合 和順正 新盛福 廣盛和 新成德 和順公 德萬正 王生智 雒邑石門鎮合會人叩	懸於崇寧殿東次間南廊下
89	靈應如響	木	横式，規格爲195×100×3 厘米 黑地金字	正書	中華民國歲次丁亥（1947）九秋	河南省鄢陵縣孫海榮 河北省鉅鹿縣李慶考 仝虔誠沐浴敬叩	懸於崇寧殿東次間南廊下
90	忠義兩全	木	横式，規格爲195×87×6 厘米 黑地金字	正書	不詳	閩石獅市外高村弟子高永快敬	懸於崇寧殿東次間南廊下
91	福庇無疆	木	横式，規格爲226×110×7 厘米 藍地金字	行書	清道光十八（1838）七月十五	綢緞行人等叩 天德成 永興公 長發祥 增盛 天成元 泰口公 新盛恭 義元珍 隆泰和 同升盛 天義合 順盛永 永盛合興和 興順合	懸於崇寧殿東梢間南廊下
92	神恩永護	木	横式，規格爲192×98×5 厘米 藍地金字	行楷	清同治歲次己巳（1869）九月	古絳西關同心成號虔叩	懸於崇寧殿東梢間南廊下

續表 8

序號	內容	質地	規格	字體	時代	相關人員	位置
93	與天地參	木	横式，規格爲 222×116×3 厘米 黑地金字	行楷	中華民國八年（1919）孟春	前永和縣知事高星斗偕男崇義敬叩	懸於崇寧殿東梢間南廊下
94	忠師義勇	木	横式，規格爲 277×133×5 厘米 黑地金字	行楷	清同治八年（1869）歲次己巳暑月	管帶慶字右營湖南長沙府寧鄉縣藍翎都司劉漢春薰沐謹	懸於崇寧殿西次間南廊下
95	靈著保赤	木	横式，規格爲 73×42×2 厘米 白地黑字	行楷	中華民國三十三年（1944）七月十五日	本邑信士馮鵬飛率男 效魁 馬魁 育魁沐浴謹叩	懸於崇寧殿東梢間南廊下
96	英靈萬古	木	横式，規格爲 188×97×4 厘米 黑地金字	正書	中華民國十六年（1927）歲次丁卯四月	弟子鹿天垣率孫光第敬叩	懸於崇寧殿西次間南廊下
97	乾坤正氣	木	横式，規格爲 217×116×5 厘米 藍地金字	正書	清同治十年（1871）桃月	特授山西平垣營遊擊寶齡薰沐敬獻	懸於崇寧殿西次間南廊下
98	福國佑民	木	横式，規格爲 270×140×15 厘米 藍地金字	行書	清光緒三年（1877）清和月	聞邑信士任作柱及男觀海叩	懸於崇寧殿西梢間南廊下
99	錫福無疆	木	横式，規格爲 197×104×5 厘米 黑地金字	行楷	清同治九年（1870）歲次庚午八月	郡後學庠貢生景堯型謹叩	懸於崇寧殿西梢間南廊下
100	萬古威霛（靈）	木	横式，規格爲 215×107×3.5 厘米 金地藍字	行楷	清光緒三十年（1904）甲辰孟春	花翎同知銜署理霈石縣知縣汪敦元敬叩	懸於崇寧殿西梢間南廊下
101	德配尼山	木	横式，規格爲 96×50×3 厘米 藍地金字	正書	壬戌（1862）孟夏	陝西候補縣丞芮邑郭守倫	懸於崇寧殿西梢間南廊下
102	忠義	木	横式，規格爲 77×51×3 厘米 金地藍字	隸書	中華民國十八年（1919）桂月	山西汾陽縣衛錫袞敬叩	懸於崇寧殿西梢間南廊下
103	功高宇宙	木	横式，規格爲 195×99×3 厘米 黑地金字	正書	中華民國十九年（1930）二月	陝西臨邑弟子李鴻林沐手敬叩	懸於崇寧殿東廊下

續表 9

序號	内容	質地	規格	字體	時代	相關人員	位置
104	神恩永護	木	横式，規格爲 97×59×3.5 厘米 黑地金字	正書	民國十七年（1928）菊月	解縣崇義合 猗氏縣杜和平沐浴敬叩	懸於崇寧殿東廊下
105	靈護梓輪	木	横式，規格爲 225×112×3 厘米 紅地黑字	隸書	中華民國二十八年（1939）夏曆九月十三日	工頭北賈邨弟子喬世英願心敬叩	懸於崇寧殿東廊下
106	絶倫逸羣	木	横式，規格爲 127×59×3 厘米 金地黑字	正書	清同治甲戌年（1874）小陽月	朝邑閻迺林謹叩	懸於崇寧殿東廊下
107	福無疆	木	横式，規格爲 93×58×3.5 厘米 金地藍字	正書	民國十三年（1924）吉日	汾城縣張春茂敬叩	懸於崇寧殿東廊下
108	澤被萬民	木	横式，規格爲 69×44×2.5 厘米 黑地紅字	行楷	民國三十五年（1946）古四月初八日	廉英□ 廉長慶 王寶□ 謝玉蓮 猗氏縣西里村古佛□祈	懸於崇寧殿東廊下
109	五禱五應	木	横式，規格爲 97×56×3.5 厘米 黑地紅字	行楷	中華民國三十二年（1943）六月二十二日	胡林立 姚林泉 張有志 恒興正 復興德 永義祥等 本郡弟子張貴生為祈雨即應沐浴謹叩	懸於崇寧殿東廊下
110	危者使平	木	横式，規格爲 160×80×4 厘米 藍地金字	行楷	清光緒二十四年（1898）九月	武安弟子 韓茂林為病癒叩	懸於崇寧殿西廊下
111	帝德廣被	木	横式，規格爲 104×54×2.7 厘米 黑地金字	正書	甲戌（1874）季春	長安信士張秉衡敬立	懸於崇寧殿西廊下
112	文武聖人	木	横式，規格爲 114×58×3 厘米 黑地金字	正書	中華民國十二年（1923）四月	陝西華縣西南鄉高塘鎮同家村會長叩 同忠義 同克秀 同克寬 同忠正 同悦海 同向榮 同福禮 王克祥會長仝叩	懸於崇寧殿西廊下
113	持危扶顛	木	横式，規格爲 95×58×2.5 厘米 黑地金字	正書	中華民國三十年（1941）正月	永濟縣弟子樊月寬 胡景緒 廉百瀛叩	懸於崇寧殿西廊下
114	神恩可報	木	横式，規格爲 86×42×4 厘米 藍地金字	行楷	中華民國三十五年（1946）菊月十三	山西定襄縣師家灣村梁子清叩	懸於崇寧殿西廊下

序號	内容	質地	規格	字體	時代	相關人員	位置
115	指迷拯危	木	横式，規格爲100×58×2.5 厘米 黑地金字	行楷	中華民國三十五年（1946）正月	本縣西關 慎昌號敬叩	懸於崇寧殿北廊下
116	永護神恩	木	横式，規格爲71×48.5×1.8 厘米 黑地金字	正書	中華民國十九年（1930）中秋	晉敬興吉 萬吴炳焜敬叩	懸於崇寧殿北廊下
117	浩然正氣	木	横式，規格爲119×49×4 厘米 黑地紅字	篆書	壬午（1942）夏五月	高炳炎敬獻	懸於崇寧殿北廊下
118	神聖忠勇	木	圓形	隸書	不詳	不詳	懸於崇寧殿外東壁
119	剛□（毅）仁慈	木	圓形	隸書	不詳	不詳	懸於崇寧殿外西壁
120	永荷神庥	木	横式，規格爲140×74×4 厘米 紅地黑字	行書	中華民國十七年（1928）荷月	吉林弟子賀恩魁敬叩	懸於寢宫院門楣
121	氣肅千秋	木	横式，規格爲240×90 厘米 藍地金字	行楷	不詳	不詳	春秋樓前木牌坊題刻
122	印樓	木	斗形，竪式，規格爲 140×60 厘米 白地黑字	榜書	不詳	不詳	春秋樓前印樓樓額
123	刀楼	木	斗形，竪式，規格爲 140×60 厘米 白地黑字	榜書	不詳	不詳	春秋樓前刀樓樓額
124	麟經閣	木	横式，規格爲223×90×3 厘米 藍地金字	榜書	清嘉慶丁巳（1797）九月	州牧胡龍光敬書	春秋樓樓額，懸於春秋樓二樓明間南檐下
125	聖德服中外大節共山河不變 英名振古今精忠同日月常明	木	規格爲300×32×4 厘米 紅地金字	行楷	民國元年（1911）四月	洪洞翁廣居題	懸於春秋樓一樓明間南廊下
126	威靈震疊	木	横式，規格爲320×170×3 厘米 金地藍字	行書	不詳	不詳	懸於春秋樓内一樓神龕上方
127	護世真君	木	横式，規格爲320×132×5 厘米 藍地金字	行書	據説爲清同治九年（1870）	不詳	懸於春秋樓内一樓明間金柱上方
128	忠貫天人	木	横式，規格爲254×120×5 厘米 藍地金字	行書	不詳	和碩果親王寶	懸於春秋樓二樓神龕上方

續表 11

序號	内容	質地	規格	字體	時代	相關人員	位置
129	降福延年	絲織品	横式，規格爲 145×65×1.5 厘米 紅地金字	楷書	中華民國二十四年（1935）孟春	郇陽王龕順堂弟子敬叩	懸於春秋樓二樓神龕内門楣
130	允文允武 乃聖乃神	木	横式，規格爲 67×40×2 厘米 藍地金字	行書	清宣統貳年（1910）秋九日	陝西韓城縣弟子五品銜候銓州同吴貴三敬書	懸於春秋樓二樓神龕内
131	漢精忠	木	横式，規格爲 67×37×2.5 厘米 黑地金字	正書	民國十一年（1922）	晋稷弟子楊林秀叩	懸於春秋樓二樓神龕後室龕楣上
132	青燈觀青史着眼在春秋二字 赤面表赤心滿腔存漢鼎三分	木	規格爲 187×18×2 厘米 黑地金字	正書	清道光十五年（1835）歲次蒲月	安邑 趙占魁 周中規 周中矩	懸於春秋樓二樓神龕内門兩側
133	聖德與天齊真不愧協天兩字 崇基從地起也須知拔地千尋	白灰	規格爲 340×38 厘米 白地黑字	行書	不詳	不詳	題寫於春秋樓二樓東壁
134	北斗在當頭簾箔開時應挂斗 南山来對面春秋閲罷且看山	白灰	規格爲 340×42 厘米 白地黑字	行書	不詳	不詳	題寫於春秋樓二樓西壁
135	義氣冲天	木	横式，規格爲 140×72×5 厘米 金地藍字	行楷	中華民國三十年（1941）九月十三日	河南省懷慶府清化縣信士王明□ 山東省曹州府鄆城縣信士張□□ 叩	懸於春秋樓二樓明間南廊下
136	義氣千秋	木	横式，規格爲 161×85×5 厘米 紅地金字	楷書	中華民國三十四年（1945）正月	協記號景雲昇敬叩	懸於春秋樓二樓西次間南廊下
137	英雄割據雖已矣 君蒿悽愴或見之	木	規格爲 123×30×1.2 厘米 紅地黑字	隸書	民國己未（1919）中秋	邑人王寅敬書	懸於春秋樓二樓明間南廊下
138	忠義仁勇	木	横式，規格爲 230×125 厘米 紅地金字	正書	不詳	連戰敬題	懸於西廊坊下
139	道沐两岸	木	横式，規格爲 230×125 厘米 紅地金字	正書	二〇一一年四月三日	宋楚瑜敬書	懸於西廊坊下
140	至忠至義	木	横式，規格爲 203×120 厘米 紅地金字	隸書	農曆乙丑年（1985）六月廿三日	魯維制藥公司 馮衍明 李敏夫婦	懸於西廊坊下

续表12

序號	内容	質地	規格	字體	時代	相關人員	位置
141	義氣動天	木	横式，規格爲200×78 厘米黑地金字	正書	丁亥年（2007）夏	閩泉州南門外十一都前埔村敬	懸於東廊坊下
142	澤惠萬民	木	横式，規格爲260×120 厘米黑地金字	行書	己丑（2009）秋月	薛肖軍敬献 曹中厚敬書	懸於東廊坊下
143	忠義千秋	木	横式，規格爲275×130 厘米紅地金字	行書	甲午（2014）	山西太原李勇峰	懸於東廊坊下
144	千古一人	木	横式，規格爲300×180 厘米藍地金字	正書	歲次丙戌（2006）孟冬	廣東東莞常平鎮黄文鋮敬獻	懸於東廊坊下
145	震古爍今	木	横式，規格爲300×180 厘米藍地金字	正書	歲次丙戌（2006）孟冬	香港豪德集團王再興敬獻 王陸書	懸於東廊坊下
146	威震華厦	木	横式，規格爲195×86 厘米黑地金字	行書	不詳	福建省石獅市大侖德義廟敬	懸於東廊坊下
147	忠義千秋	木	横式，規格爲240×70 厘米黄地黑字	正書	壬辰年（2012）荔月	臺中太平玉天關聖寶殿主任委員邱信昌 榮譽主委張慶隆 副主任委員李冠助 副主任委員吕青洲 值年爐主李炯龍 宮主黄興池暨全體委員敬獻	懸於東廊坊下
148	忠义千秋	木	横式，規格爲200×60 厘米紅地金字	行書	甲午年（2014）四月	金鑫守信寄卖行有限公司敬献	懸於東廊坊下
149	仁天義人 擎地昭寰	木	横式，規格爲235×88 厘米金地黑字	行書	二〇一三年夏月	遼寧榮昌集團石俊慶敬献 芝蘭堂王逸敬書	懸於東廊坊下
150	協天佑人	銅	横式，規格爲340×160 厘米緑地金字	行書	丁亥（2007）仲夏	沈鵬書 解州李晨李冰潔 敬獻	原懸於御書樓南檐柱下方
151	功亘古今	木	横式，規格爲183×82 厘米黑地金字	行書	辛丑年（2021）季夏月	湖南岳阳普德大庙赠	置於崇寧殿内

續表 13

序號	内容	質地	規格	字體	時代	相關人員	位置
152	功德无量	金屬	横式，規格爲 115×40 厘米 金地紅字	正書	二〇〇八年九月	刘学军	懸於東廊坊下
153	雅範流芳	木	規格爲 185×94 厘米 紅地金字	行書	清道光三年（1823）歲次癸未	大法師魯與老先生立	懸於東廊坊下
154	天朝待燕	木	横式，規格爲 176×90 厘米 紅地金字	楷書	清道光三十年（1850）歲次庚戌葭月	恩榮正九品大碩德甲榮喬老先生立	懸於東廊坊下
155	長存蔭慈	木	横式，規格爲 210×105 厘米 紅地金字	行書	中华民国歲次甲子十三年（1924）七月	周秉衡叩献	懸於東廊坊下
156	聖賢潤物德比條山厚 忠義滋人澤超鹺海深	木	規格爲 320×34 厘米 黑地金字	正書	己丑（2009）金秋	不詳	懸於厚載門南明間中柱
157	辞聖廟回望殿堂豪氣 進花園追尋御履英風	木	規格爲 300×31 厘米 黑地金字	行書	不詳	馬光學書	懸於厚載門北明間中柱
158	晨光阁	木	横式，規格爲 220×110 厘米 藍地金字	行書	不詳	馬光學書	位於御園晨光閣門楣正上方
159	旭日融融瓊閣暖 茶煙裊裊客心怡	木	規格爲 208×26 厘米 黑地金字	正書	不詳	不詳	懸於御园晨光閣明間中柱
160	圣行祠	木	横式，規格爲 220×100 厘米 藍地金字	行書	戊子（2008）冬	太生	懸於御園聖行祠門楣上方
161	航苇携游福地連芳海 陈堂歇賞洞天依险峰	木	規格爲 240×29 厘米 黑地藍字	行書	戊子（2008）仲冬	太生	懸於御園聖行祠明間中柱
162	含章館	木	横式，規格爲 180×70 厘米 藍地金字	楷書	不詳	不詳	懸於御園含章館門楣正上方
163	凡人也聖人也千秋功德在史乘 兵器乎法器乎萬般利益爲國民	木	規格爲 210×27 厘米 黑地金字	隸書	不詳	不詳	懸於御园含章館明間中柱
164	畫舫齋	木	横式，規格爲 195×90 厘米 藍地金字	正書	不詳	不詳	懸於御園畫舫齋門楣正上方

序號	内容	質地	規格	字體	時代	相關人員	位置
165	舫間米色映湖色 檐下花香摻茶香	木	規格爲 235×26 厘米 黑地金字	正書	不詳	不詳	懸於御园畫舫齋明间中柱
166	邂逅相逢坐片刻不分你我 彳亍而来品一壶漫话古今	木	規格爲 220×25 厘米 黑地金字	行書	不詳	不詳	懸於御园畫舫齋後門兩側
167	忠義堂	木	横式，規格爲 240×120 厘米 藍地金字	楷書	己丑（2009）金秋	福建晋江安海顔水來 黄麗璇敬獻	懸於御園忠義堂門楣正上方
168	爐化萬錢悲漢鼎 花開三月想桃園	木	規格爲 270×26 厘米 紅地金字	正書	己丑（2009）金秋	福建晉江顔庭階 顔有俊 弟子合家敬獻	懸於御園忠義堂明間中柱
169	攬月	木	横式，規格爲 120×60 厘米 藍地金字	隸書	不詳	不詳	位於御園假山八角亭門楣正上方
170	山水軒廊爲觀兽貌凌峰頂 诗文字画欣識園魂下翠微	木	規格爲 210×25 厘米 黑地金字	行書	不詳	楊山虎撰 馬光學書	懸於御園假山八角亭中柱
171	御柳宫花萬般春色來千古 神山聖水滿眼風光在一亭	木	規格爲 220×25 厘米 黑地金字	行書	不詳	楊山虎撰書	懸於御園假山八角亭中柱
172	雅頌軒	木	横式，規格爲 220×100 厘米 藍地金字	正書	不詳	馬光學書	懸於御園雅頌軒門楣正上方
173	一生忠義名青史 滿壁詩文頌德聲	木	規格爲 275×26 厘米 黑地金字	正書	不詳	不詳	懸於御園雅頌軒明間中柱
174	文武聖神	木	横式，規格爲 175×80 厘米	正書	清康熙五十三年（1714）歲次甲午四月	臨晉縣□里鄉清池里角盃村信士謹獻	懸於御園雅頌軒殿内
175	大威德	木	横式，規格爲 330×155 厘米 紅地金字	行書	丁亥（2007）冬	田偉書 福州叶建明全家敬獻	懸於御園雅頌軒内
176	久應生暉	木	横式，規格爲 330×155 厘米 緑地金字	正書	戊子（2008）夏	西安王暉全家敬献	懸於御園雅頌軒内

序號	内容	質地	規格	字體	時代	相關人員	位置
177	文華苑	木	横式，規格爲 220×90 厘米 藍地金字	行書	己丑（2009） 夏	楊明珠題	懸於御園文華苑 門楣正上方
178	鋪采摛文歌聖化 畏威懷德徼瑞福	木	規格爲 265×27 厘米 黑地金字	行書	不詳	楊明珠撰聯	懸於御園文華苑 明間中柱
179	道教正宗	石	規格爲 230×110 厘米 藍地金字	正書	不詳	不詳	懸於解州關帝廟 西宫道正司内
180	天地君親師	木	斗形，規格爲 37×14 厘米 紅地黑字	正書	不詳	不詳	放置於道正司
181	派始祖廣□通玄妙 極太古真君大通 □□□真人姜公諱 善信之神位	木	斗形，規格爲 108×37 厘米 白地黑字	正書	不詳	不詳	放置於道正司
182	清行工道正司道正 禮用董公之神位	木	斗形，規格爲 76×20 厘米 白地黑字	正書	不詳	不詳	放置於道正司
183	明道正司□□演澄 楊公建功神位	木	斗形，規格爲 76×20 厘米 白地黑字	正書	不詳	不詳	放置於道正司
184	清行工道正司道正 禮岱董公神位	木	斗形，規格爲 76×20 厘米 白地黑字	正書	不詳	不詳	放置於道正司
185	關帝廟	木	横式，規格爲 250×120×10 厘米 藍地金字	行書	一九九八年	姚奠中	懸祖祠大門明間 門楣
186	威震華夏名傳百世 義薄雲天廟祀千秋	木	規格爲 260×33 厘米 紅地金字	行書	不詳	姚奠中	懸於祖祠入口兩 側
187	關王故里	石	横式，規格 220×33×13 厘米 黑字	正書	明嘉靖二年 （1523）七 月	巡按監察御史王秀 立	石坊題額
188	鼓樓	木	横式，規格 127×72×5 厘米 白地黑字	正書	清嘉慶庚辰 （1820）仲 秋	郡人王應楷敬書	鼓樓樓額

序號	内容	質地	規格	字體	時代	相關人員	位置
189	靈鍾鹺海	木	横式，規格爲 396×190 厘米 藍地金字	正書	不詳	不詳	祠前東側木牌坊明間迎風板題刻
190	秀毓條山	木	横式，規格爲 396×190 厘米 藍地金字	正書	不詳	不詳	祠前西側木牌坊明間迎風板題刻
191	根在河東	木	横式，規格爲 196×85 厘米 緑地金字	行書	不詳	蘇士澍題	懸於山門門楣
192	從祖盡忠興帝業 替天行道爲民生	木	規格爲 222×28 厘米 紅地金字	行書	新紀年乙未 （2015） 仲夏	李愛碧 施清海 陳國權敬献	懸於山門明間中柱
193	靈貺畢臻	木	横式，規格爲 196×85 厘米 藍地金字	正書	丙申（2016） 仲秋	香港弟子卓楚華 柯鴻輝 楊笑容敬獻	懸於山門前檐明間
194	永荷神庥	木	横式，規格爲 196×85 厘米 藍地金字	正書	丙申（2016） 仲秋	香港弟子李愛碧 施清海 陳國權敬獻	懸於山門前檐明間
195	畏威懷德	木	横式，規格爲 200×100 厘米 藍地金字	行楷	辛丑（2021） 春月	淮崗合家敬獻 老凹奉筆	悬於山门内明间
196	福佑嘉通	木	横式，規格爲 200×100 厘米 藍地金字	正書	庚子（2020） 甲申月己亥 日	鹽湖區弟子孫满傑全家敬獻 王陸	懸於山門内明間雙步梁
197	魂歸故里	木	横式，規格爲 180×100 厘米 黑地金字	行書	不詳	程登朝携子孫敬贈 翟德年書	懸於山門内明間雙步梁
198	神恩永護	木	横式，規格爲 190×90 厘米 黑地金字	隸書	辛卯年 （2011）仲 夏	運城龍翔工業技術學校苗紅崗 陶小翠敬獻	懸於山門内明間門楣
199	神盈宇宙	木	横式，規格爲 315×140 厘米 黑地緑字	正書	清乾隆六年 （1741） 辛酉□月	不詳	題於儀門明間中柱上方門楣
200	一門血脉忠與勇 萬世家風義和仁	木	規格爲 219×26 厘米 紅地金字	行書	辛丑（2021） 季春	淮崗合家敬獻 老凹並書	懸於儀門中柱
201	精忠貫日	木	横式，規格爲 200×80 厘米 黑地金字	正書	丁亥年 （2007） 夏	閩泉州南門外十一都前埔村敬	懸於儀門明間門楣

序號	内容	質地	規格	字體	時代	相關人員	位置
202	忠義千秋	木	横式，規格爲 200×90 厘米 黑地金字	行書	不詳	王存進書	懸於儀門内明間雙步梁
203	威震九州	木	横式，規格爲 210×90 厘米 藍地金字	行書	戊子年（2008）	福建晋江市衙口仁義廟理事會	懸於儀門内明間雙步梁
204	神威顯赫	木	横式，規格爲 180×70×4 厘米	行書	乙亥年（1995）五月八日	臺灣省臺中市南屯區玉德宫副主任委員張秋得 委員王慶豐 王鴻儒敬獻	懸於儀門内明間雙步梁
205	中條發跡	木	横式，規格爲 190×78×3 厘米 黑地金字	行書	丙子年（1996）梅月	福建泉州洪瀨衆弟子敬	懸於儀門内明間雙步梁
206	義拯黎庶	木	横式，規格爲 200×118×5 厘米 黑地黄字	正書	丁丑（1997）桂月	芮城韓明頭 任博雲謹叩	懸於儀門内後檐明間
207	正氣参天	木	横式，規格爲 195×87×6 厘米 黑地金字	正書	不詳	閩石獅市 外高村弟子高永快敬	懸於山門門楣
208	功德無量	木	横式，規格爲 88×60×3 厘米 黑地黄字	正書	乙亥年（1995）仲春	屈啟晓	懸於儀門前檐明間
209	福天壽地	木	横式，規格爲 250×120 厘米 紅地金字	行書	戊戌（2018）夏月	香港闵帝信衆敬獻 趙玉漢書	懸於儀門内明間門楣
210	霑聖澤四處齋瞻聖地 享神恩九州共仰神光	木	規格爲 233×30 厘米 紅地金字	行書	戊戌（2018）夏月	香港闵帝信衆敬獻 趙玉漢書	懸於儀門内間兩側
211	浩然正氣	木	横式，規格爲 255×73×5 厘米 紅地金字	正書	癸未年（2003）榴月	天津馬樹君敬 古絳州王陸書	懸於獻殿明間檐下
212	武廟淵源	木	横式，規格 330×72×6 厘米 紅地金字	正書	二〇〇一年十月十八日	中華道教關聖帝君弘道協會暨臺灣宜蘭礁溪協天廟會長主任委員吴朝煌等	懸於獻殿内前屋檐
213	條山當爐祭大義 鹺海爲鑑昭精忠	木	規格爲 275×36 厘米 黑地緑字	行書	戊子（2008）聖誕	李兵敬獻 楊明珠并書	懸於獻殿兩側
214	崇寧殿	木	横式，規格爲 250×120×10 厘米 藍地金字	篆書	不詳	趙望進獻	懸於崇寧殿明間前檐

序號	内容	質地	規格	字體	時代	相關人員	位置
215	侯王帝聖昭千載 福壽康寧降萬民	木	規格爲 210×36 厘米 紅地金字	正書	辛卯（2011）仲夏	李華 李紅霞全家敬獻	懸於崇寧殿兩側
216	紫霧盤旋劍影斜飛江海震 紅霞繚繞刀芒高插斗牛清	木	規格爲 183×15×15 厘米 白地黑字	正書	不詳	不詳	懸於崇寧殿神龕兩側
217	九靈殿	木	横式，規格爲 180×70 厘米 紅地金字	正書	不詳	不詳	懸於娘娘殿明間門楣
218	生何氏殁何年盖弗可考矣 夫盡忠子盡孝豈不謂賢乎	木	規格爲 213×30 厘米 紅地金字	行書	己亥（2019）仲夏	十三家敬獻 趙玉漢恭書	懸於九靈殿明間中柱
219	竭忠殿	木	横式，規格爲 120×60 厘米 紅地金字	行書	不詳	不詳	懸於關平殿明間門楣
220	報國忠心壯 随親孝義淳	木	規格爲 178×25 厘米 黑地金字	行書	庚子（2020）仲夏	卜達天敬獻 趙玉漢恭書	懸於關平殿兩側
221	顯忠殿	木	横式，規格爲 120×60 厘米 紅地金字	行書	不詳	不詳	懸於關興殿明間門楣
222	但存忠孝節 何必壽喬松	木	規格爲 178×25 厘米 黑地金字	行書	庚子（2020）仲夏	卜達天敬獻 趙玉漢恭書	懸於關興殿兩側
223	聖祖殿	木	横式，規格爲 250×120×10 厘米 藍地金字	行書	不詳	徐文達書	懸於聖祖殿明間門楣
224	忠諫開枝祖德千秋流芳遠 光昭散葉宗功萬載世澤長	木	規格爲 183×30 厘米 紅地金字	行書	辛丑（2021）仲夏	運城市關氏後裔聯誼會敬獻 楊明珠撰 關森柱書	懸於聖祖殿明間中柱上
225	詒謀繩武	木	横式，規格爲 210×110×4 厘米 黑地金字	行書	清嘉慶丁巳（1797）九月	州牧胡龍光敬書	懸於聖祖殿神龕上方
226	關聖始祖夏大夫忠諫公之神位	木	斗形，規格爲 127×43 厘米 緑地金字	正書	不詳	不詳	置於聖祖殿神龕内關龍逄塑像前

續表 19

序號	内容	質地	規格	字體	時代	相關人員	位置
227	敕封關聖 曾祖父光昭公 祖父裕昌公 父成忠公 之神位	木	斗形，規格爲 112×30 厘米 藍地金字	正書	不詳	不詳	置於聖祖殿東次間神龕内關公三代先祖塑像前
228	石磐道院	木	横式，規格爲 170×92×4.5 厘米 藍地金字	行書	癸未年 （2003）春	黄有泉題	懸於中條山祖塋門楣

（編制：趙　磊　　楊　飛）

走出時間的生命
——解州關帝祖廟匾額楹聯文化淺識

人往往對身邊最親近的東西缺少一些謙遜的凝視，總以爲那是最熟悉的，便對它也是最傲慢粗疏的，因而當自己偶然生出一份自覺去主動審視對方時，才會突然意識到，原來我對它可能自始便存着些偏執。

從記事起便去過關帝廟太多次，因此現今每每提到關公，總是倍感親切。但光陰遠逝，那時每次去廟裏所爲何事，都發生了什麼，現在却不大記得清了。回憶起來，腦海中總是驟雨疾馳地閃過幾個空鏡頭，金剛怒目，赤兔嘶鳴，春秋樓前蒼柏藹藹，日光亘古籠罩，長久地縹緲朦朧。還有什麽？記不起來了。在這座偌大的建築群中，我拼命也尋不見當年那個小姑娘。記憶裏的檐鈴與脊獸，殿宇和樓閣，還有侍女的襟帶、將軍的衣袍、拙燕的呢喃、稚子的淺笑，全都不知道被誰拂上了鴿子灰色的絞絲軟紗，遠隔經年，撲朔迷離，却也浮光躍金，不時擾動着我的某根神經。

實話講，小時候游廟從來不在意那些懸挂在殿閣梁架上以及雕刻於坊額門楣間的匾額楹聯，畢竟它們大部分都蒼老古舊，年歲上不知是我的哪輩祖宗。有的匾額上的題刻亦是佶屈生澀，讓人頗費心思。後來識了些古體字，略知了些書法，我才更頻繁地去凝望這些高高在上的“太祖太宗”。它們身軀堅挺，氣質矜沉，雖從不刻意張揚些什麼，却也不煩向下方來來往往的子孫們閑説着青春的喧嘩與榮耀，即使自己早已不再年輕。

牌匾與楹聯是兩種各自獨立又相互關聯的藝術樣式，它們都把文字題刻在木（石）板上，表達着人們的一些感情。楹聯一般較長，文學性更强些，匾額題刻則一般簡短有力，用於概括歸納。關帝廟現存以牌匾居多，從形制上看去，這些過去覺得黑黢黢的物什，現在却渾然有着一種古樸大方的美，無論是未加邊飾的普通質地牌匾，還是外框飾有描金鏤花的匾額，都透露着舒展自然。匾上的紋飾、字迹布局合理，莊重而典雅，坦蕩又別致。尤其是一些老匾，無論是哪種樣式，在染上些歲月感後，倒是更有味道了，讓人從那滄桑老邁中也覺出了些許矜貴。

古樸大方與滄桑別致給了人獨特的美感，但這種美却并不單薄，原因在於它承載了一些獨特的審美意味和歷史厚重，從感性氛圍中滲透出了理性内涵。可以說，任何一種經久不衰的美，都積澱了一個地域、一個時代的人民在文化心理上的某種集體認同，其背後翻涌着的是這一共時生態中的各種思想風潮、精神氣象、文化氛圍，遂呈現出的最終意味，實質上也是它們這些因數彼此交互、發生複雜反應後的結果。

追溯起來，中國傳統楹聯牌匾的産生已十分悠久。或說是匾額最早發源於秦漢，也有人説源於春秋戰國，由官方傳至民間。匾額之漸興，始於漢代旌表制度的頒行。唐宋時期匾額廣泛用於民間。宋以後，匾額題寫陷入寥落，於明清時復興，甚至又出現了“無處不匾”的盛況。“五四”之後依舊盛行，今天也仍在使用。楹聯的起源一般可以追溯至先秦，現代學者譚蟬雪在《我國最早的對聯》中根據敦煌0610卷子判斷，在唐玄宗開元十一年即公元723年楹聯便已出現。還有一些學者認爲楹聯應發端於晋代、梁代以及後蜀。無論持哪種觀點，我們都可以確定的是，自宋以降，楹聯題寫日益得到更多文人士大夫的青睞，漸趨步入繁榮時期。至明清，楹聯的數量更是蔚然大觀。

現關帝廟内，除現代題刻的楹聯牌匾外，明清以及民國時期題刻的楹聯牌匾居多。從載體材質的角度看，這些楹聯牌匾多爲木制，少數爲石刻，個別的爲銅質。它們有懸挂式，也有嵌壁式。主要用來贊頌關公的歷史功績，也有一些側重於現實功用，用於描寫周圍環境，標示具體地點等。

這些楹聯牌匾美得很克制、周正、理性，也有一部分美得很躁動、隆重與脱俗。這體現在不同時期的牌匾中，也體現在其中的每一處細節裏。大部分匾額都比較簡約，一些特殊的匾額則與衆不同。比如懸於崇寧殿殿前明間南檐下的“神勇”匾，該匾爲乾隆敕賜，匾周群龍環繞，色彩鮮豔，富麗堂皇。匾心藍地金字，當中正書（楷）蒼勁渾厚，氣韵沉雄，盡顯天家風範。還有一些匾額低調沉着，却别有風味，如懸於御書樓北金柱門楣外側的“絶倫逸群”匾，其紅地黑字，草書飛白，字迹雄渾，揮灑自如。匾額的外側紋飾可以是繁複華貴的，也可以是充滿生活氣息的，無論哪種皆力求呈現出美的内在風神，彰顯獨特魅力。

楹聯牌匾的内容固然是十分重要的，因爲它是整個藝術呈現的核心與靈魂。在現存關帝廟的匾額中，大部分題刻都是對關公的贊頌，諸如人們揄揚他的忠義精神，稱他“精忠貫日”“大義參天”；褒獎他匡扶正統、輔弼君王的歷史功績，贊他是“扶漢人物”“三分砥柱”；感恩他對百姓的庇佑，説他“福彌蒼生”“蔭庇萬代”。歷代的士大夫們也不吝筆墨，在楹聯中傾吐自己對關公的敬畏之情，諸如“青燈觀青史著眼在春秋二字　赤面表赤心滿腔存漢鼎三分”“條山當爐祭大義　鹺海爲鑒昭精忠”“但存忠孝節　何必壽喬松”。在這裏，中國的傳統聯語真可謂是文人們筆底生花的藝術創造，少則十字以内，多則二三十字，其韵律、張力、意蕴、神韵、精神無所不具，讀來也口齒生香、酣暢淋漓，美妙極了。

關帝廟的楹聯牌匾凝聚了長久以來社會各個階層的人民對關公的誠摯感情，他們贊美關公、崇敬關公、愛戴關公。無論是官方敕封還是民間供奉，大家都樂於敬他爲神，尊他爲帝，將他崇奉到至高無上的地位。諸如在儒釋道三家以及民間崇拜中，關羽司掌許多神職，他在佛教中被奉爲護法神，在道教中被尊爲“伏魔大帝”，儒家崇他爲“武聖”、科舉神，這使其在宗教信仰與封建正統中獲得角色認可。在民間，他的職司則更加多樣，百姓們拜他爲武財神、雨神、海神等，春秋祀典，年節享祭。人們將己身的種種期望都寄托於他，希望他能夠“福庇無疆”“降福延年”，甚至不論士民工匠，都祈求“普濟商民”“靈護梓輪”，以達成自己的美好期許。在這裏，人們實質上崇拜的是具有神格的關公。作爲一個人而言，其也有人格魅力。他於白馬坡前斬殺袁紹大將顔良，驍勇善戰，爲萬人敵。他仁義忠心，始終忠於漢室，爲儒士表率。他單刀赴會，膽識過人，乃本色英雄。因此人們贊他“忠義千秋”“正氣常存”“威震華夏”，許多雅士也撰聯歌頌，稱其“崇功高峻直與條山共永　聖德昌隆恰隨鹺海長光”。于右任先生更是將其人格與精神高度凝煉升華：“忠義二字團結了中華兒女　春秋一書代表着民族精神。”除此之外，《三國演義》的廣泛流傳使關羽的人格更具層次感，虎牢關戰吕布，千里走單騎，過五關斬六將，這些經典的故事讓其忠、義、仁、勇的品質變得更加突出，成爲文學史上的典型。

杜詩曰：“千秋萬歲名，寂寞身後事。”關羽却不同，其生於微，而死則重於泰山，且身後享祀不絶，確乎“萬世人極”矣，然其可得而知否？不可知也。畢竟陰陽有界，人鬼殊途。之前看着眼前的這些題刻，我常常站在人道主義的角度，爲他作爲一個人的永遠消逝而感到不勝慨嘆。因爲縱使身後顯赫，生命終歸是不可逆的。可是，如今我又覺得這樣想是否有些太執拗了，因爲他已是千千萬萬人心中的寄托與典範，這早已超出了普通人生命的局限，實屬不平凡了。

可以説，關羽是人中之神，也是神中之人，他值得我們銘記，但凝視着關羽的塑像，我又不禁叩問自己——

我們記住更多的，是他人的影子，還是神的魂靈？

人與神的區别，在於人壽有盡，而神壽無窮；人有源於本性的缺陷，因此能夠深切體驗到生命的無力感；而神却近趨完美，還被賦予了無與倫比的神性能力。他們二者本身就有天壤之别。但是，在封建思想的統攝、民衆的竭力推崇以及多種因素的合力作用下，人與神之間就生出了一條自然的通徑，人們將心中的英雄抬進廟堂，“重修殿宇，再塑金身”，讓他由人至神，成就了自己對其的最高禮敬。

因此，有血有肉的關羽逝去了，人們就依照其生前的模樣，用木胎泥質塑出他的威嚴，貼上金箔，并爲他穿戴衮冕，讓他手拿玉笏，將他抬至九五之尊的地位，受萬人景仰。這些楹聯匾額上的贊語也像那一筆一筆貼在塑像上的金子，今日你一片，明日他一塊，日積月累，歲歲年年。終於在某一個時刻，他如人們所願，成了神。

但他與原生的神仙畢竟不同，他的神格特質是在人格的筋骨裏長出來的，如果不是人世間的英雄，他成不了神。

如果這樣去衡量，至少在這些楹聯裏，人們追慕的關羽應雙重具備着人格與神格，且他的人格與神格融合在一起，已經形成了更加豐富的形象。人們既敬仰其生前的人格魅力，也尊崇他身後的神格天威。因此，經過歷朝歷代的演變，關公已并非一個單純的傳統歷史人物，而是已輾轉完成了由凡入聖的轉化，變成一個神聖的代表，同時還順應了公序良俗，成爲了符合人們道德理想的象征。"紫霧盤旋劍影斜飛江海震　紅霞繚繞刀芒高插斗牛清"，常平關帝祖祠崇寧殿内關帝暖閣上的這幅楹聯，就生動形象地贊頌了關公生前與歿後動地撼天的英武和神威。聯語既隱喻又誇張，表面不着關公一字，却盡顯其獨特與魅力！此聯表述方式實屬鮮見，堪稱關廟楹聯中最佳作品。

所以，或許那落滿埃塵的金身坐像讓人覺得有些沉痛，或許歷史上最樸素的漢壽亭侯僅僅留下了遠去的背影，但已經沒有那麼重要了。神的軀殼是對其人格存在的最好保護，他本就是人神同構的。

同樣，死亦并非長滅，只要有人還記得，就如同獲得了形而上的生命。那麼對於關公而言，幾千年來無數帝王追贈的榮耀、至高無上的禮遇、轟轟烈烈的紀念，使他在身後也不那麼寂寞了。他的名字幾乎在每一個中國人的記憶裏都那樣深刻明亮，他活在了我們每個人的心中。

我們不必心生無意義的悲憫，不必遺憾時間的無法挽留，因爲關羽已經永遠走出了時間，走出了生命。

楊應欣

二〇二三年七月

（作者系山西大學文學院在讀碩士研究生）

後 記

志者，記也。即以文字、表格、圖片、符號等，客觀地記載各個領域、各個行業已經發生過的事件，具有“資政、教化、存史”的作用（宋 · 鄭興裔）。

編志立史，乃盛世文化之大事。或爲一方通志，或爲一門專志，不過區域或行業等有别而已，其實質（史志）則相一致。

清乾隆二十八年（1763）《解州全志》“序”開宗明義即云：“紀事之書有史有志。志雖史之流别，實史之根柢也。史綜一代之事，非一人所能爲，志則一方之書，纂輯差易，然欲詳核盡善、足傳不朽，必得一人焉。”

稽諸古籍，可知解州關廟編志立史由來已久。而證以存世遺著，尤可發現其淵源有自，流傳有緒，增删有度，體系自成。雖然版本有别，體例有异，其主要内容實則一脉相承。

元人胡琦所編《關王事迹》（主要爲當陽志）可謂開關廟立志風氣之先！而自明代始，解州郡守、知名文士則專志解州祖廟，踵趾相接，增刻編修，蔚然可觀。其中張寧之成化本《義勇録》當爲第一部解州關廟志書。吕柟之嘉靖本《義勇武安王集》堪稱解州廟志集大成者。他“裁删其冗，采補其缺，或考諸蜀記，或質諸本史，或訪諸當陽志，或問諸常平里，而《王集》成。”此後，吕文南、方瑩等先後重刻再刊。解州名士趙湯欽之萬曆本《漢前將軍關公祠志》，爲明代解州廟志又一杰作。

明末清初之際，著名學者錢謙益輯校、重刻之《重編義勇武安王集》，爲解州廟志傳緒起到承前啓後作用。逮至解州知州張鎮之乾隆本《解梁關帝志》出世，解州關帝廟志编撰無以爲繼，到此而止。

概言之，關帝廟志從元至大元年（1308）出現雛形至清乾隆二十一年（1756）而終，先後有近500年歷史，而清代距今又260餘年。足見續修解州廟志實乃歷史使命，極具緊迫性與重要性。

現編《解州關帝廟志》（包括常平關帝祖祠、關帝祖塋）屬專志。它的編纂，是在運城市文物保護中心主任衛龍同志的大力倡導和支持下，在運城市解州關帝廟文物保護所所長、關公文化研究院院长傅文元同志和全體班子成員的密切協調，以及各部門的積極配合下，有序地開展各項工作的。

爲了把這部志書編纂好，大家同德同心，齊心合力，堅持以“廟”爲本，以“志”爲則，以“任”爲榮，以“責”爲重，一點一滴，扎扎實實由基礎做起，不僅廣泛地翻檢了若干的史乘和文檔中的相關文獻資料，而且不避寒暑，不計苦累，想方設法，竭力而爲，徹底地乃至是搶救性地將廟内各個歷史時期的實物和文字資料，做了詳盡而系統的搜集和整理，獲取了解州關帝廟有史以來最爲全面的基礎性、關鍵性資料，可謂準確權威，翔實可信。

這部志書從資料搜集到編纂付梓，得到了各位領導和同仁以及有識之士的鼎力相助，也正是在他們的關懷和鼓勵中，這部志書才得以相繼完成。在此，特真誠地向諸位致以崇高的敬意與深深之謝忱！然由於水平所限，雖竭盡全力，難免有錯訛之處，敬祈各位專家學者和同仁不吝指正。

楊明珠　謹志於攢葉山房